결혼·이혼·재혼
예비고사

불행한 결혼 · 이혼 · 재혼 예방을 위한
미혼자와 기혼자의 상호 검증 리스트

결혼 · 이혼 · 재혼 예비고사

장재훈 지음

좋은땅

들어가는 말 1

　결혼을 한마디로 표현하고 압축한다면 무한 책임, 무한 사랑, 무한 순결, 무한 이해와 존중, 무한 용서, 무한 인내입니다. 그래서 결혼은 돌이킬 수 없는 무거운 것입니다. 이처럼 결혼(재혼)은 중대하고 무거운 것이기 때문에 상대방에 대하여 장단점과 자신과 다른 점 등을 탈탈 턴 이후 배우자가 어떠하든지 이해하고 존중하며 살 자신이 생기면 그때 결혼해야 합니다. 쌍방이 그리해야 합니다. 상대방의 단점, 불편한 점에 대하여 감당하고 이해할 자신이 없는데, 조건과 감정에 끌려 덜컥 결혼해 버리면 마치 목에 가시가 걸린 사람과 같은 신세가 됩니다. 그 결과 고통의 나날을 보내다가 이혼으로 갑니다. 결혼도 지피지기(知彼知己) 원리가 작동합니다. 그래야 이혼하지 않고 평생 함께 살 수 있습니다.

　2025년 5월 1일 마이데일리에 배우 신○은 씨와 배우 윤○화 씨가 결혼 3년 만에 파혼했다는 기사가 실렸습니다. 이유인즉 가치관과 성격 차이 때문이라고 하였습니다. 이러한 이유는 성경에서 말하는 이혼 사유는 안 됩니다. 이 부부의 실패도 결혼 전에 상대방에 대해 충분히 검증하지 못한 상태에서 결혼한 결과입니다. 결혼 전에 가치관이 맞는지 다른지, 성격이 맞는지 다른지 등등을 제대로 검증했어야 합니다. 혹 가치관과 성격 등이 다르더라도 이해하거나 존중할 자신이 있으면 결혼하고, 자신이 없으면 결혼을 거부해야 합니다. 상당수 이혼하는 부부들이 결혼 전 이와 같은 검증을 소홀히 한 상태로 서둘러 결혼한 결과로 고통을 겪다 이혼하게 됩니다. 그래서 결혼과 이혼과 재혼 예비고사가 중요하다고 하는 것입니다.

그리고 배우자의 단점까지 변치 않고 언제까지라도 사랑하고 포용할 수 있어야 안전한 부부가 될 수 있습니다. 좋은 점이나 예쁜 점만 보고 좋아해서 결혼하면 큰일 납니다. 결혼생활 지속 여부는 배우자의 단점, 약점을 얼마나 이해하느냐 이해하지 못하느냐에 따라 좌우됩니다. 배우자의 장점과 성숙한 부분 때문에 헤어지는 사람은 없습니다. 대부분 배우자의 단점, 모난 부분을 견디지 못하기 때문에 인내의 한계가 되면 헤어집니다. 그래서 배우자의 좋은 점과 예쁜 점만 보고 결혼하면 불행하게 됩니다. 결혼하기 전에는 주로 좋은 점만 보이지만 결혼하면 누구나 장단점 모든 것이 적나라하게 드러나고, 결혼생활을 하면 부부가 피차 맞지 않는 부분이 반드시 드러납니다. 이때가 위기의 시작입니다. 단점을 자연스럽게 이해하거나 소화하지 못하면 혼자 고민하고 갈등하다가 이혼으로 갈 공산이 큽니다. 배우자의 단점과 못난 부분까지 좋게 보이지 않으면 불행한 결혼생활은 시작됩니다.

부부들이 이혼하는 근본적이고 직접적인 이유는 배우자의 단점, 부실한 점, 불편한 점, 자신과 다른 점을 포용하지 못하거나 참지 못하기 때문입니다. 나머지 이혼 사유들은 간접적인 것들입니다. 앞에서 언급한 면이 부족하거나 없으면 결혼생활은 힘들게 됩니다. 날마다 다툼과 갈등과 불만과 스트레스로 인하여 갈라설 공산이 큽니다. 좋아하고 사랑해서 결혼했는데 후회합니다. 설사 부부로 산다고 하더라도 상처와 고통의 연속으로 불행한 부부생활이 될 것입니다. 결혼 자체와 부부생활이 지옥이 될 것입니다.

그런즉 누군가를 만난 이후 데이트와 결혼을 쉽게 생각하지 말아야 합니다. 이혼 통계를 보면서 깊은 통찰과 고민이 있어야 합니다. 돈이 많고 외모와 조건이 출중하다고 하여 행복한 부부는 되지 않습니다. 기본적인 의식주만 갖추어졌다면 사람의 어떠함이 제일 중요합니다. 축구에서 승패는 득점에 있는데, 골을 넣는 것은 축구공이 아니라 선수입니다. 무슨 말이냐 하면, 부부의 행복한 결혼생활의 득점은 이런저런 현실적인 조건이 아니라 배우자의 됨됨이라는 말입니다. 축구 경기에서 공이 골을 넣어 승패를 좌우하는 것이 아니라 선수가 하듯이, 부부도 돈이나 여러 조건이 행불행을 좌우하는 것이 아니라 배우자의 어떠함이 행불행을 만듭니다. 부부 서로가 성숙하고 진국이면 다른 것이 좀 부족하더라도 큰 문제가 되지 않습니다. 부부에게서, 결혼생활에서 제일 중요한 것은 부부 서로가 얼마나 서로를 소중하게 여기고, 존중하고, 이해하고, 무한 사랑과 무한 책임과 무한 순결을 지키느냐에 달려 있습니다. 현실적인 조건이 부부를 이혼시키는 것이 아니라 부부의 미숙함, 됨됨이 부족이 부부를 이혼시킵니다.

이 부분을 간과하면 가슴을 치고 후회할 것입니다. 작금에 있어서 많은 부부가 화려하게 결혼식을 올린 이후 왜 이혼하는지를 깊이 상고해야 합니다. 왜 좋아하고 사랑하는데 이혼하는지를 깊이 통찰해 보아야 합니다. 왜 검은 머리가 파뿌리가 되도록 완주하지 못하는지를 알아야 합니다. 부부는 장점만 보고 예뻐해서는 오래 살 수 없습니다. 배우자의 내면 실력이 단단하고 배우자의 단점까지 예뻐할 수 있어야 평생을 함께할 수 있는 부부가 될 수 있습니다. 사랑과 감정은 쉽게 타오를 수 있지만 50~60년 장기 결혼생활에서는 만만치 않습니다. 지구력과 이해력과 존중감이 있어야 합니다. 배우자의 장단점에 대한 무한 이해와 포용과 존중이 없으면 무난하고 행복한 결혼생활은 꿈꾸지 말아야 합니다. 부부나 결혼이 무엇인지에 대하여 철저하게 준비하지 않고 결혼하면 오래가지 못합니다. 그래서 이 예비고사는 매우 중요합니다. 상대가 자신과 다양한 궁합이 맞는지를 확인하는 내용으로 구성되어 있습니다. 이런저런 면에서 서로가 어느 정도 일치하는 사항이 많아야 희망을 품고 결혼할 수 있습니다. 그렇지 않고 서로가 너무나도 다르면, 다른 면이 많으면 속히 만남을 중지하든지 아니면 헤어지는 것이 장기적으로 볼 때 안전하고 지혜로운 선택입니다.

이 예비고사는 부부의 안녕과 행복, 불행을 예방하고, 이혼하지 않고 평생 고락을 함께하기 위한 상호 간에 기초적인 내용에 대한 검증서입니다. 구체적으로 말하면 이혼을 예방하고 검은 머리가 하얀 파 뿌리가 될 때까지 행복한 결혼생활을 영위하기 위한 귀중한 검증서입니다. 학생들이 본고사 이전에 자기 점수와 실력을 확인하고 본고사를 더욱 단단하게 대비하기 위해 치르는 예비고사와 같은 성격입니다. 본고사에 앞서 예비고사는 매우 중요합니다. 반드시 예비고사를 경험해야 본고사를 제대로 대비할 수 있습니다. 사전 연습 없이 본 게임에 들어가는 팀은 거의 없을뿐더러 성적도 좋지 못합니다. 이 참고 자료는 미혼과 기혼자들에게 해당하는 검증서입니다. 미혼자와 기혼자, 사랑하는 자녀들을 좀 더 바르게 가르치고 인도하는 데 소중한 자료가 될 것입니다.

결혼의 중요성은 아무리 강조해도 부족합니다. 결혼하기로 했다면 잘해야 합니다. 결혼을 잘못하면 자신과 자녀들의 인생이 꼬이고 비참해지기 때문입니다. 이에 누구나 결혼에 대한 핵심적인 조건을 생각하거나 따집니다. 그것은 시대를 초월하여 다섯 가지로 나눕니다. 외모, 경제력, 성격, 인성(성품), 건전한 신앙입니다. 이 다섯 가지는 매우 중요합니다. 누구에게나 필요한 조건입니다. 사람이란 한두 가지 좋은 조건만으로는 잘 살 수 없습니다. 이보다 더 중요하고 우선한 조건이 있습니다. 건전하고 정상적이고 상식적인 정신상태를 가진 사람입니다. 정신상태가 병들거나 부실하거나 불건전하면 아무리 조건이 좋아도 소용이 없습니다. 행복한 결혼생활은 불가능합니다. 요즈음 겉으로 볼 때는 멀쩡하고, 학벌과 신앙도 좋고, 외모와 경제력도 좋은데 눈에 보이지 않는 정신상태가 부실한 자들이 있습니다.

이런 정신상태를 파악하기란 쉽지 않습니다. 겉으로 잘 보이지 않고 상대방도 말하지 않기 때문입니다. 그래서 결혼 후에 알게 되어 가슴을 치고 후회하는 자들이 있습니다. 좋은 조건에 따라 결혼했는데 함께 살아

보니 신혼 때부터 엉망인 정신상태가 드러납니다. 연예할 때는 알 수 없지만 결혼하면 아무리 감추고 싶어도 서로의 부실함과 실상은 감출 수 없습니다. 그래서 결혼하자마자 갈등하면서 아우성을 칩니다. 그런즉 결혼 전에 상대방의 정신상태를 제일 먼저 검증해야 합니다. 그것은 기본과 상식적인 면이 제대로 작동하는지의 여부입니다. 기본과 상식에서 벗어난 말과 행동과 판단하면, 엉뚱한 언행을 하면 정신 이상이 있는 사람이니 조심해야 합니다. 사람은 누구든지 거의 변하지 않습니다. 감당할 자신이 없으면 아예 만나지 말아야 합니다. 기본과 상식적인 언행은 중요한 판단 기준입니다.

초혼과 재혼은 동일한 면도 있지만 분명 다른 면이 있습니다. 초혼 때는 주로 외모와 감정에 이끌려 결정합니다. 사랑에 빠져서 단순하게 생각하여 결혼합니다. 그러나 한 번 결혼을 맛본 재혼 때는 조건을 봅니다. 현실적인 것을 봅니다. 좀 더 구체적인 것을 살핍니다. 결혼 경험을 해 보니 무엇이 중요한지 깨달았기 때문입니다. 그래서 의식주에 대한 준비성 여부를 봅니다. 사람이 아무리 좋아도 경제적인 면이 큰 비중을 차지합니다. 이에 경제력이 약하면 외면합니다. 결혼을 생각하고 있는 자들에게 있어서 첫 번째로 가장 중요한 것은 자기의 이상형을 만나는 것입니다. 일단 자기가 생각하고 있었던 배우자상을 만나야 그다음으로 이어질 수 있습니다. 자기 이상형에 맞는 사람을 만나면 그다음으로 해야 할 일은 내적으로 견고한 사람인지, 알찬 사람인지, 평생을 함께할 사람인지, 자기 인생을 맡겨도 될 사람인지를 철저하게 검증하는 것입니다. 왜 그래야 합니까? 결혼의 성패는 어디에서 사느냐가 아니라 얼마나 괜찮은 사람을 만나느냐에 달려 있기 때문입니다. 불량한 사람을 만나면 불행과 이혼은 담보된 것이라고 해도 과언이 아닙니다.

사람은 잘 변하지 않습니다. 고쳐 쓰기 어렵습니다. 그래서 처음에 좋은 사람을 만나야 합니다. 좋은 사람을 만나느냐 못 만나느냐에 따라 결혼 성패가 결정됩니다. 그 핵심은 내면의 어떠함입니다. 겉이 아닌 속이 알찬 사람입니다. 그다음으로 중요한 요소는 배우자에 대한 이해심과 존중심 여부입니다. 부부는 전혀 다른 사람입니다. 달라야 정상입니다. 다른 것은 평생 같아질 수 없습니다. 따라서 서로에 대한 이해심과 존중심이 없이는 아무리 좋아하고 사랑하고 조건이 좋아도 오래가지 못합니다. 배우자에 대한 이해심과 존중으로만 함께 살 수 있습니다. 사람은 누구나 틀린 것이 있고 다른 것이 있습니다. 틀린 것은 바로잡아야 하지만, 다른 것은 고칠 수도 없고 바로잡을 수도 없습니다. 이해하고 존중해야 해결됩니다. 틀린 것이 아닌데 자기 입맛과 스타일과 다르다고 짜증을 내거나, 화를 내거나, 고치라고 한다면 그 결혼생활은 어렵습니다. 자기가 사과라고 배를 보고 틀렸다고 하거나 고치라고 한다면 불가능한 요구입니다. 그대로 존중하고 이해해 주어야 상생하게 됩니다. 이런 부분에 대하여 이해심이 부족하면 해법이 없습니다.

부부는 다른 것에 대해 서로가 이해하지 못하면 불행하게 됩니다. 장미꽃이 개나리꽃에게 자기처럼 되라고 하거나 왜 그렇게 생겼느냐고 지적하고 책망한다면 장미꽃이 잘못된 것입니다. 모든 꽃은 다른 것이지 틀린 것이 아닙니다. 우열도 없습니다. 사람과 부부도 헌법과 법률과 진리에 반하지 않는 이상 틀린 것이 아니라 자기와 다른 사람일 뿐입니다. 이혼 사유 중 하나가 성격 차이입니다. 성격은 다른 것이지 틀린 것이 아닙니다. 성격을 고치려고 하는 것은 엄청난 착각입니다. 이 차이를 극복하지 못하고 이혼하는 이유는 성격 차이(기질, 스타일) 때문이 아니라 자기와 다름에 대한 이해심과 존중심이 부족해서입니다. 이런 다름을 이해하고 존중해야 죽을 때까지 함께 살 수 있습니다. 자기와 다른 것이 귀하게 보이고 좋게 보입니다. 밉지 않게 여깁니다. 배우자가 자기와 다르게 생활해도 예쁜 것입니다. 아무렇지가 않게 됩니다. 다시 강조컨대 결혼에 있어서 제일 중요한 것은 그 사람의 외모, 조건, 경제력, 학벌, 혼수 등이 아니라 조건이 어떻든지 자기가 생각했던 이상형을 만나는 것이고, 이상형을 만났다면 서로 다름에 대한 이해심과 존중심이 있어야 합니다. 그래야 서로 대화가 잘 통합니다. 대화가 통하지 않는 사람은 함께 살 수 없습니다. 누굴 만나든지 자기와 다름에 대한 이해심과 존중심이 없거나 부족하다면, 피차 다름에 대한 이해심과 존중심을 갖고 살 준비가 될 때까지 결혼을 유보해야 합니다. 준비되지 않은 결혼은 준비되지 않은 전쟁과 같아 실패할 확률이 높습니다. 이런 마음과 자세가 없다면 불행한 결혼생활이 될 가능성이 매우 큽니다.

결혼하면 50년 이상을 한 집, 한방에서 살게 되는데 서로가 다름에 대하여 이해하거나 존중하지 못해서 사사건건 못마땅하고, 부딪치고, 갈등하면 결혼생활은 오래가지 못합니다. 필자는 결혼생활을 30년을 하였고 사별했습니다. 결혼 30년을 통해 부부에게 있어서 무엇이 가장 중요한지를 절감했습니다. 그것은 서로에 대한 이해심과 존중심입니다. 자기와 맞지 않는 것에 대한 이해와 존중입니다. 부부들이 갈등하는 것 중의 하나는 배우자가 자기 입맛에 맞지 않게 말하고 행동하는 것입니다. 아니면 어떤 습관입니다. 부부는 다른 것과 틀린 것을 잘 구분하고 살아야 합니다. 다른 것을 틀렸다고 하거나 틀린 것을 다르다고 하는 실수를 범하지 말아야 합니다. 부부는 서로에 대한 이해심과 존중심만 있으면 서로를 예쁘게 여기면서 평생을 행복하게 살 수 있습니다.

이런 것에 비추어 볼 때 부부 갈등과 문제가 발생하면 주로 상대방을 탓하는 경향이 있는데 자세히 알고 보면 상당 부분은 자기의 역량 부족, 수준 부족, 이해 부족, 미성숙인 경우가 대부분입니다. 물론 배우자의 불륜 문제는 다른 개념입니다. 그런즉 어떤 식으로 이성을 만났든지 결혼 전에 이런 부분을 잘 검증해야 합니다. 서로 다름에 대한 이해심과 존중함이 있는지를 잘 검증해야 합니다. 그래서 데이트 중에 배우자에 대하여 탈탈 털어야 합니다. 그렇지 않고 부분적으로만 알고 결혼하면 상대방의 책임이 100%라고 하더라도 자기 과실도 100%입니다. 자기의 검증 부실 책임입니다. 물건이든 사람이든 음식이든 검사와 검증에서 불량한 것을 걸러내지 못하고 그대로 통과시키면 두고두고 화근이 됩니다. 자기 잘못입니다. 물건을 탓해봤자 소용없습니다. 어떤 부부는 싸움만 하면 상대방만 탓하는데 이는 어리석은 짓입니다. 해법이 아닙니다. 그것이 갈등과 이혼으로 가는 고속도로입니다. 그래서 데이트 중, 결혼 전에 상대방에 대한 철저한 확인, 검증, 테스트가 절대적으로 중요하다고 하는 것입니다. 데이트를 단순히 만나는 재미로 하는 자는 지혜가 부족한 자이자 나중에 후회할 가능성이 있습니다.

미국은 고위공직자를 세우기 위한 검증 항목이 무려 233가지나 됩니다. 대통령은 임기가 5년이니까 5년 임시 짜리 비정규직 공직자입니다. 그런데도 철저하게 검증합니다. 한국의 K9 자주포가 세계 자주포 시장의 50~70%를 차지하고 있는데 이 자주포가 완제품으로 생산되기까지 거치는 공정이 무려 150가지라고 합니다. 진도 수산시장에서 판매하는 진도 꽃게는 관련 기관에서 89가지 검사를 한다고 합니다. 기계와 꽃게도 이렇게 검증하는 데 사람과 배우자에 대한 검사, 검증은 더더욱 중요하기에 신중하게 검증해야 합니다. 그래야 비교적 후회하지 않게 됩니다. 결혼은 사랑하는 배우자와 50~60년을 함께할 사람을 만나 결합하는 중대한 일입니다. 그 정도로 오래 살려면 상호 간에 내구성이 뛰어나고 튼튼해야 합니다. 디자인만 탁월해서는 아닙니다. 내면에서 하자가 적어야 합니다.

결혼이란 고위공직자나 자주포와는 비교 자체가 되지 않을 정도로 중요한 인류지대사입니다. 그래서 결혼 전에 철저한 공정과 검증 과정을 거쳐야 합니다. 그리하여 적절한 사람인지, 함께 일생을 같이할 사람인지, 어느 정도 하자를 소유한 사람인지를 검증해야 합니다. 사실 결혼의 승패는 결혼 전 배우자가 어떤 사람인가에 의해서 판가름 납니다. 무슨 말입니까? 인성과 성실성과 내구성 등이 어느 정도 갖춘 사람을 만나야 순탄한 결혼생활을 영위할 수 있습니다. 부실한 배우자를 만나면 결혼생활은 풍랑 자체일 것입니다. 이런 말이 있습니다. '좋은 대답을 듣기 위해서는 좋은 질문을 해야 하고, 좋은 집을 짓기 위해서는 좋은 재목을 사용해야 한다' 배우자는 결혼해서 고쳐 쓰는 것이 아니라 고칠 것이 별로 없을 정도의 완성품과 같은 자여야 합니다. 그래야 행복한 결혼생활이 가능합니다. 그래서 결혼 전 연애 기간, 데이트 시간이 매우 중요합니다.

이 데이트 기간에 상대방을 제대로 검증하는 것이 결혼의 성패를 좌우한다고 해도 과언이 아닙니다. 그런데 기혼자들의 이혼율에 비추어 보면 지금까지 이 부분에서 소홀했다고 생각합니다. 부적절한 사람을 만나 결혼했기 때문에 결혼생활이 광야 생활이 된 것입니다. 부적절한 건축 재료로 건축한 것이라고 할 수 있습니다. 사람은 아무리 검증을 해도 무리가 아닙니다. 쌍방의 행불행과 이혼 여부와 깊은 상처와 생사와 자녀들의 행불행까지 달린 문제이기 때문입니다. 부부만의 불행으로 끝나지 않습니다. 혹자는 이렇게 반문할 수 있습니다. '그렇다고 이렇게나 많이 체크한다고?' 하면서 '너무한 것이 아니냐?'는 하소연을 할 수 있습니다. 하지만 불편함과 불평이 나올 정도로 철저하고 꼼꼼한 검증과 체크는 필수입니다. 불행한 결혼생활을 예방하는 일이라면 과도하지 않습니다.

결혼은 결코 가벼운 것이 아닙니다. 연습으로도 하는 것이 아닙니다. 아주 중차대한 일입니다. 상호 간에 그만큼 중요하고 소중합니다. 그런즉 지독할 정도로 검증에 들어가야 합니다. 일반적으로 결혼한 자나 이혼자들을 보면 K9 자주포나, 5년 비정규직 고위공직자들이나, 꽃게나, 대통령만도 미치지 못하게 검증해 왔습니다. 그 결과 달콤한 데이트를 하였고, 멋진 결혼식은 올렸고, 환상적인 신혼집을 꾸미고 시작했지만 이후 이내 곧 갈등하고 이혼하는 부부들이 세 쌍 중 하나입니다. 향후 이혼 부부가 50%를 넘을 것이라고 합니다. 이런 실제와 통계는 기혼자들이 그만큼 배우자에 대한 검증을 소홀히 한 증거라고 할 수 있습니다. 비유하자면 처음부터 하자가 많은 중고차나 집을 구한 것이나 다름없습니다. 상대방만을 탓하지 못합니다. 결혼을 최종적으로 결정한 것도 자기 자신이고, 검증을 가볍게 했던 것도 자기 잘못이기에 자기 잘못도 100%입니다. 하자가 있는 배우자를 탓하지 말아야 합니다. 하자가 있는 배우자는 원래 그런 사람이었는데 이를 알아차리지 못하고 결혼한 사람이 잘못입니다. 온전히 자기 잘못입니다. 결혼했으면 좋든 싫든 배우자 탓은 금해야 합니다. 그런즉 결혼과 재혼 전 데이트에서 아주 꼼꼼하게 검증해야 합니다.

자신이 직접 상대방에 대하여 검증과 확인하기가 어려운 사람은 '탐정사무소'에 배우자에 대한 결혼 전 조사를 의뢰하면 됩니다. 물론 적지 않은 비용이 발생합니다. 결혼 이후에도 배우자가 수상한 모습을 보이는 경우도 '탐정사무소'에 의뢰하여 의문과 실체를 확인하는 것이 좋습니다. 결혼의 성패는 '결혼식을 얼마나 아름답고 화려하게 하느냐?', '좋은 보금자리를 마련하느냐?'가 아니라, '얼마나 내면이 단단하고 속이 꽉 찬 온전한 사람을 만나느냐?'로 판가름 나기 때문입니다. 그러기 위해서는 데이트 중, 결혼 전에 다면적으로 철저한 검증이 있어야 합니다. 결혼 성패는 결혼생활 중에 결정되는 것이 아니라 결혼 전에 어떤 사람을 만나느냐에 달려 있습니다.

그러니까 데이트 과정에서 결혼 성패와 행복 여부가 결정된다고 해도 과언이 아닙니다. 다르게 비유하면 처음부터 내구성이 뛰어난 자동차를 구매해야 안전하지, 하자가 많은 자동차를 구매하면 미래는 뻔합니다. 수리하다가 스트레스를 받고 지치고 끝납니다. 위험한 사고를 당합니다. 많은 에너지가 소진되어 탈진하고 쓰러집니다. 검증 과정을 소홀히 하고 결혼하면 누구든지 불행한 결과, 비참한 결과로 이어질 가능성이 매우 큽니다. 자기 실력과 책임입니다. 자기 부실입니다. 누굴 탓하지 못합니다.

세상 민법에는 이혼 조건만 있고 결혼이나 재혼 조건은 없습니다. 불신자들과 세상의 결혼, 이혼, 재혼은 무질서 그 자체입니다. 무정부 시대처럼 자기들 마음대로 합니다. 오직 기독교의 진리 책인 성경만 결혼과 이혼과 재혼에 대한 명확한 조건과 기준과 원칙을 제시하고 있습니다. 일부 기독교인들도 세상의 흐름에 오염되어 무질서하게 결혼, 이혼, 재혼합니다. 자기들 마음대로 해 버립니다. 당연한 결과로 주어지는 것은 후회와 불행입니다. 하나님 방식이 아닌 자기 방식이나 세상 방식을 따르면 반드시 실패하고 후회합니다. 결혼, 이혼, 재혼은 하나님의 말씀을 따라서 해야 안전하고 깨지지 않습니다. 하나님이 행하시고 정하신 기준은 완전하기 때문입니다. 모든 기준은 종(사람)이 정하는 것이 아니라 주인(하나님)이 정하여 시행합니다. 종은 기준과 원칙을 변개할 수 없습니다. 그저 주인이 정한 기준과 원칙을 잘 준수하는 것밖에 없습니다. 이는 마치 건물을 짓는 건축자들이 자기들 마음과 기분과 감정대로 집과 건물을 짓는 것이 아니라 주인의 의도와 건축설계도에 따라 짓는 것과 같습니다.

하나님께서 명하신 기준과 원칙은 실패가 없습니다. 후회가 없습니다. 하나님은 완전하시고 전지전능하시기 때문입니다. 이에 반해 사람들의 선택과 결정은 부실하기 짝이 없어서 실패율이 아주 높습니다. 이혼율이 잘 증명해 줍니다. 사람은 부실하고 불완전하기 때문입니다. 이에 신자나 불신자나 하나님 말씀과 원리에 따라 결혼하면 큰 문제가 없습니다. 안전합니다. 결혼은 상대방에 대한 충분한 검증 시간을 갖고 아주 신중하고 신중하게 결정해야 합니다. 그렇지 않으면 돌이킬 수 없는 상처와 결과로 이어집니다. 서로 호감을 품고 만나 신중하고 신중하게 결정하되 한번 결정한 배우자에 대해서는 쓰든 달든 끝까지 가야 합니다. 결혼을 껌으로 생각지 말아야 합니다. 그것이 결혼과 서약에 대한 진정한 무한 사랑과 무한 책임입니다. 달면 삼키고 쓰면 뱉는 사랑은 진정한 사랑, 무조건적인 사랑이 아닙니다. 이기적이고, 감정적이고, 조건적인 사랑에 불과합니다. 이런 부부는 오래가지 못합니다. 반드시 중간에서 펑크가 납니다. 조건과 감정으로 만나서 결혼했기 때문입니다.

감정적이고 조건적인 사랑은 아무리 좋아하고 사랑해서 결혼했어도 시간이 지나면 실패할 가능성이 큽니다. 오래가지 못합니다. 왜냐하면 배우자의 조건과 감정은 수시로 변하기 때문입니다. 평생 수백 번 이상은 변할 것입니다. 예측할 수 없는 돌발변수가 발생합니다. 따라서 결혼은 현실적인 것이라고 하면서 감정과 조건에 따라 좋아하고 사랑하고 결혼하는 것은 미련한 짓이자 불행한 결과를 예측하게 합니다. 상대방을 탓하겠지만 결국 자기 발등을 찍는 짓입니다. 많은 이혼이 잘 대변해 줍니다. '결혼 전에는 안 그랬는데 결혼 이후에 왜 그래?', '당신 변했어?'라는 원망과 불평이 나오게 됩니다.

원래 그런 사람이었는데 그것을 알아보지 못하고 검증하지 못한 것입니다. 모든 조건이 잘 맞는데 이혼하는 사람은 없습니다. 조건 만남과 결혼은 칼날 위를 걷는 것과 같습니다. 부부들이 그렇게 만나고 살다가 인내하고 인내하다가 참을 수 없으면 헤어집니다. 가벼운 선택, 미숙한 선택, 조건 만남, 이기적인 만남, 감정적인 선택, 조급한 선택을 했을 때 그리됩니다. 사람 자체의 내면세계 중심으로만 바라보고 무조건 만남과 무조건 사랑이어야 조건이 변해도 끝까지 갈 수 있습니다. 열 개 정도 되는 유튜브 중장년 중매 채널과 결혼정보회사들은 대부분 조건만남입니다. 현실적인 조건, 경제적인 조건이 핵심입니다. 조건은 변합니다. 그래서 조건만남으로 결혼한 부부는 조건이 변하면 배우자도 변합니다. 아슬아슬한 부부입니다. 동시에 조건만남을 내세우거나 부추기는 사람은 피하는 것이 안전하고 지혜로운 선택입니다.

들어가는 말 2

사람 중에는 직장 생활과 일상적인 관계와 삶에 있을 때는 좋은 사람이었는데 결혼하여 부부생활에서 적응하지 못하고 자신과 배우자와 자녀들을 힘들게 하는 사람이 있습니다. 학교 부적응 학생처럼 혼자 살 때는 문제가 없었는데 학교에 입학하자마자 힘들어하는 학생이 있습니다. 결혼도 그렇습니다. 결혼에 부적응자가 있습니다. 개인적으로는 생활을 잘하는데, 좋은 사람이라고 칭찬을 받는데 단체로 들어가면 적응하지 못하는 자가 있습니다. 주변의 평가는 매우 좋은데 결혼생활은 딴판인 자도 있습니다. 다른 사람들에게는 천사처럼 행동하는데 배우자에게는 전혀 다르게 대하는 자가 있습니다. 사람들은 이런 사실을 잘 모릅니다. 부부밖에 모릅니다. 그래서 다르게 말하면 '어! 그런 사람이 아닌데! 아주 좋은 사람인데!'라고 말합니다. 부부가 아닌 제3자는 어떤 부부나 사람에 대하여 실상을 알지 못하는 법입니다.

주로 어떤 사람이 그렇습니까? 마음에 깊은 상처나 트라우마(충격)가 있는 사람입니다. 무엇이든지 자기 생각과 주장대로만 하려는 고집이 센 사람입니다. 어렸을 때 가정에서 폭언과 폭력을 경험한 자입니다. 주폭(酒

暴) 아버지 밑에서 자란 자입니다. 혼자만 살아온 자입니다. 자기와 다른 상대방을 이해하고 존중하며 더불어 사는 방법을 배우지 못한 사람입니다. 내면세계가 엉망인 사람입니다. 깨진 마음, 상처받은 마음, 공포나 두려움이나 분노로 가득한 마음을 치유하지 않고 지나온 자이거나 어른이 된 자입니다. 이런 사람은 겉으로 보고 만나면 그렇게 좋은 사람이 없을 정도입니다. 그러나 시한폭탄과 같은 자입니다. 겉으로는 전혀 티가 나지 않습니다. 이런 사람을 만나면 주변의 평가와는 달리 매우 힘든 부부생활이 시작됩니다. 어떤 상황이 되면 돌변합니다. 사람이란 자리에 따라, 위치와 역할과 직무에 따라 적합한 자가 있고 부적합한 자가 있습니다. 혼자서는 잘하는데 둘이서는 잘못하는 자가 있습니다.

운동선수로 비유하자면, 단식은 잘하는데 복식은 엉망인 선수가 있습니다. 아니면 복식은 잘하는데 단식은 무력한 자가 있습니다. 경기든 결혼이든 각기 다양합니다. 상대적입니다. 사람이 좋다고, 훌륭하다고, 운동신경이 뛰어나다고 모든 사람과 잘 어울리거나, 모든 스포츠 종목을 잘하는 것은 아닙니다. 착한 선수라고 경기를 잘하는 것도 아닙니다. 착한 사람이라고, 믿음이 좋은 사람이라고 부부생활과 결혼생활을 잘하는 것은 엄청난 착각입니다. 자기와 코드, 스타일, 가치관, 대화, 내면, 성향 등이 잘 맞아야 합니다. 그런 종목과 사람을 만나야 성공합니다. 그렇지 않으면 불행하고 실패할 가능성이 큽니다. 그래서 이런 부분을 사전에 잘 살피고 검증해야 합니다. 그렇지 않으면 낭패를 봅니다. 고통의 연속이 됩니다. 가슴을 치고 후회합니다. 이혼합니다. 겉으로 볼 때만 행복하게 사는 것 같고 멀쩡해 보이지만 안으로는 썩어 들어가고 불행의 연속입니다. 물론 다른 사람들에게나 친정집 부모에게는 잘 산다고 말합니다. 아무런 문제가 없다고 말합니다. 이런 가정과 부부들이 매우 많습니다. 지인이나 주변 사람들은 잘 모릅니다. 잘 지내는 척을 하기 때문입니다. 부부 외에는 실상을 잘 모릅니다.

산(山)은 멀리서 볼 때는 대부분 아름답고 좋게 보입니다. 그러나 가까이에서 보거나 산속으로 들어가서 직접 경험해 보면 전혀 다른 실상이 드러납니다. 어떤 사람, 어떤 부부의 삶에 대한 실상도 비슷합니다. 그래서 누군가를 잘 안다는 말은 함부로 하지 말아야 합니다. 너무너무 좋은 사람이라는 말도 함부로 하지 말아야 합니다. 오래 사귀었다고 다 잘 아는 것이 아닙니다. 지인이라고 다 잘 아는 것이 아닙니다. 가족 간에도 잘 모릅니다. 사람의 속내는 하나님과 자신만 압니다. 24시간 부부로 오래 살지 않은 관계라면 잘 모릅니다. 자기가 잠시 본 것, 안 것, 들은 것, 경험한 것은 그 사람의 일부분에 불과합니다. 사람은 누구나 자신이 아닌 다른 사람에 대해서 부분적으로만 알고 삽니다. 포장하고 삽니다. 그래서 오해하고, 속고, 착각하고 삽니다. 어떤 사람에 대하여 부분적으로 아는 것을 가지고 전체를 잘 아는 것처럼 자신하지 말아야 합니다.

사람들과 부부는 숲(산)과 같습니다. 그래서 만남과 결혼은 시간을 두고 꼼꼼하게 살피고 검증하라고 하는 것입니다. 이는 매우 중요한 조언입니다. 깊이 사귀기 전에 솔직하게 확인하고 검증을 꼼꼼하게 해야 불행을 막을 수 있습니다. 누구에게나 장단점, 강점과 약점, 좋아하는 것과 싫어하는 것, 좋은 습성과 못된 습성, 상처, 분노, 무서움 등이 숨어 있으니 데이트 중에 솔직하게 터놓고 이야기하거나 터치하면서 이를 꼼꼼하게 검증해야 합니다. 이런 것이 보이지 않으면 보일 때까지 결혼을 유보해야 합니다. 숲에 들어가 보지도 않고, 다른 사람의 말만 듣거나 어느 정도 거리나 멀리서만 바라보고 좋다고 하는 사람처럼 무모하고 어리석고 용감한 사람은 없습니다. 좋아하는 감정, 사랑하는 감정, 조건, 외모 경제력 다 좋습니다. 그러나 이런 것으로만은 행복과 안전한 결혼생활은 담보되지 못합니다. 이혼을 막지 못합니다. 외모와 조건도 중요하지만 이보다 더 중요한 것은 속사람입니다. 건강한 내면세계입니다. 속사람 파악에 실패하면 결혼은 불행의 연속이고 결국 이혼합니다.

'만사는 인사다'라는 말이 있습니다. 돈도 학벌도 건강도 외모도 중요하지만, 가장 중요한 것은 내면세계의 영양가가 넘치는 사람, 내구성이 탁월한 사람이 제일 중요합니다. 쉽게 고장이 잘 나지 않는 사람입니다. 인간의 모든 조건과 환경과 미래는 결국 사람에 의해서 좌우됩니다. 견고하고 단단한 기둥처럼 쓸 만한 사람이 제일 중요합니다. 평생을 같이해도 무너지지 않고, 든든하고, 편안하고, 안전하고, 변치 않고, 믿을 만한 사람을 만나야 합니다. 철이 없는 시절에는 외모와 조건이 전부로 보이지만, 막상 결혼해서 살다 보면 그렇지 않다는 것을 스스로 알게 됩니다. 그래서 중년과 이혼한 자들의 배우자관은 미혼이나 초혼 때와는 전혀 다릅니다. 결혼해서 살아 보니 무엇이 중요한지 늦게야 안 것입니다. 외모와 조건을 보고 기뻐하고 좋아하는 시간은 오래가지 않습니다.

이에 어떤 50대가 넘은 돌싱은 외모를 전혀 보지 않는다고 말합니다.

이것이 외모와 조건에 치우쳐 결혼했다가 처참한 실패를 맛본 자의 뼈아 픈 고백이고 변한 배우자상입니다. 사람들은 꼭 당해봐야 깨닫습니다. 비 싼 인생 과외비를 지불하고서야 깨닫습니다. 부부는 여러 면에서 궁합(대 화와 소통과 종교와 가치관 등)이 잘 맞아야 합니다. 궁합이 잘 맞지 않으 면 살기는 살아도 서로가 불편하고 불행하게 삽니다. 부부의 삶 자체가 스트레스이고 가시방석이 됩니다. 행복하거나 편안하지 않습니다. 고통 의 연속이 됩니다. 외적인 조건만 좋아 결혼하면 반드시 실패합니다. 오 래가지 못합니다. 외모, 조건, 재력, 감정에 치우쳐 결혼했다가 실패한 자 들이 우리 주변에 수두룩합니다.

아직 철이 없는 사람들은 외모와 조건에 치우칩니다. 현실을 운운하며 돈 돈 돈 합니다. 결혼은 현실이라고 하면서 말입니다. 동시에 외모를 따 집니다. 온갖 성형수술까지 합니다. 그 외모와 조건이 얼마나 갈 것 같습 니까? 몇 개월 가지 못합니다. 결혼한 어른들과 부모들에게 물어보기 바 랍니다. 아무리 모든 것을 다 갖추고 살아도 결국 사람의 마음이 중요합 니다. 사람이 어떠한가에 따라서 결혼의 행불행이 좌우됩니다. 부부와 사 람의 행불행은 돈과 외모와 학벌과 재산 규모가 좌우하지 않고 그 사람의 내면세계가 좌우합니다. 아무리 돈이 많고 좋은 집에서 살아도 내면세계 가 염소와 같은 배우자와 살면 하루하루가 지옥일 것이고, 월세나 임대주 택에서 살아도 속사람이 양과 같은 배우자와 살면 안전하고 행복할 것입 니다. 배우자에게 쓴맛을 본 자들이나 나이가 든 자들은 이 말을 이해하 고 공감합니다. 철이 없을 때는 무시합니다. 근시안적인 접근과 주장만 합니다. 누구의 말도 듣지 않습니다. 그러다가 나중에는 울고불고합니다.

　모든 것은 진국과 같은 사람이 가장 우선입니다. 조건과 외모는 그다음입니다. 사람이 조건을 만들 수는 있지만, 조건이 좋은 사람을 만들지는 못합니다. 사람의 성품, 인성, 습관, 라이프스타일, 루틴, 성향은 잘 변하지 않습니다. 하루아침에 형성되는 것도 아닙니다. 그래서 배우자를 변화시키려고 하는 것이 어렵고 희망 사항이라고 합니다. 포기하는 것이 낫다고 말합니다. 사람은 누구나 잘 변하지 않습니다. 날마다 기도하고 성경을 보는 성직자들, 신학을 한 목회자들도 습성은 거의 변하지 않습니다. 어릴 적에 형성된 것을 가지고 평생을 삽니다. 해법은 의외로 간단합니다. 처음부터 좋은 재목, 하자가 별로 없는 좋은 사람, 내구성이 단단한 배우자나 자동차를 만나야 합니다. 아주 예외적인 경우를 제외하고 사람은 고쳐 쓸 수 없습니다. 자기 자신을 냉정하게 바라보면 습관과 습성과 스타일이 변한다는 것이 얼마나 어려운 것인지를 잘 알 것입니다. 자신도 잘 변하지 않고 다른 사람도 잘 변하지 않습니다. 사과나무는 평생 사과나무로 삽니다. 늑대는 평생 늑대로 삽니다. 사과나무가 배나무가 되거나 늑대가 사슴이 되는 법은 없습니다. 주변에서 한번 찾아보기 바랍니다.

　이에 반해 돈, 집, 자동차, 행복, 즐거운 생활 등은 사람의 노력과 시간 등에 의해서 얼마든지 변화와 반전이 일어날 수 있습니다. 조건은 사람의 노력, 부부의 노력에 따라 가변적입니다. 결혼 전에는 조건이 좋았는데 최악으로 변할 수 있고, 결혼 전에는 조건이 좋지 않았는데 결혼 이후 조건이 최상으로 변하거나 변할 사람도 있습니다. 이는 배우자와 부부의 내구성에 따라 좌우됩니다. 결혼을 앞둔 자들이 명심해야 하는 것은 좋은 집, 많은 돈, 자가 소유 여부, 고액 연봉, 좋은 자동차와 학벌, 좋은 집안,

좋은 직장, 좋은 외모와 조건 등이 행불행을 조종하거나 좌우하지 못한다는 사실입니다.

그래서 성숙한 사람, 좋은 사람, 진국인 사람이 제일 중요합니다. 잠재력을 가진 좋은 사람이 최고입니다. 50~60년 동안 함께 살 사람은 외모나 조건이 출중한 사람이 아닌 내구성이 견고한 사람입니다. 거듭거듭 강조컨대 결혼에 있어서 제일 중요한 것은 미래를 함께할 배우자가 어떠한 사람인가입니다. 집도 경제력도 직장도 외모도 중요 하지만 사람의 **'됨됨이와 잠재성 여부가 어떠한가?'**가 제일 중요합니다. 현재 심각한 갈등을 겪고 있는 부부나 별거나 이혼한 사람들은 이 말에 200% 동의할 것입니다. 당장은 하루에 한 끼를 먹고 초가집에서 살아도, 좀 불편하고 가난하게 살아도 함께 있으면 좋고 안전하고, 편안하고, 대화하면 잘 통하고, 배려해 주고, 자신을 이해해 주고, 존중해 주고, 진실로 사랑해 주는 사람이라면 최고의 배우자입니다. 이혼자들이 실패한 공통점은 처음부터 사람을 잘못 만났다는 것입니다. 조건과 외모만 보고 결혼한 결과입니다. 부실한 재목, 부실한 자동차, 부실한 배우자를 만난 결과입니다. 그런 불량한 사람인 줄 파악하지 못한 것입니다. 자신에게도 책임이 있습니다. 자신이 좋은 사람이 아니기에 그런 사람을 만나는 것입니다. 상대방만 나쁜 놈이라고 탓하지는 말아야 합니다. 그 사람은 원래 그런 사람이었는데 결혼 전에 그런 사실을 검증하지 못한 것입니다. 알아차리지 못한 것입니다.

축구에서 공은 반드시 있어야 하고 필요합니다. 그래야 축구 경기를 할 수 있고 골을 넣을 수 있습니다. 하지만 골을 넣는 것은 공이 아니라 선수입니다. 공이 스스로 굴러가서 골을 넣는 일은 절대로 없습니다. 골은 공을 다루는 선수가 넣습니다. 모든 경기 결과의 승패는 다른 조건이 아닌 선수에 의해 결정됩니다. 공도 공이지만 실력이 있는 선수가 절대적인 승패를 가릅니다. 골을 넣지 못해 경기에 지면 어느 선수나 팀도 행복하지 못합니다. 결혼생활도 그렇습니다. 현실적으로 돈, 집, 자동차, 직장 등 조건이 필요하고 중요합니다. 이런 것이 행복이라는 골을 넣지 못합니다. 그러나 부부의 행복과 불행을 좌우하는 것은 돈도 집도 직장도 학벌도 재력도 외모도 조건도 아닌 내면이 잘 갖추어진 배우자입니다. 좋은 사람입니다. 배우자가 괜찮은 사람이면 하루하루가 즐겁습니다. 결혼하기 잘했다고 판단합니다. 어떤 집에서 살든, 돈이 많든 적든, 잘생겼든 못생겼든, 어떤 자동차를 가지고 다니든 행복합니다. 모든 것을 잘 풀어 갈 것이기에 다양한 불행과 염려, 이혼 등을 생각지 않고 살아도 됩니다.

그러나 부실한 배우자, 악한 배우자, 불량하고 불성실한 배우자, 게으른 배우자, 인성이 바닥인 배우자, 염소와 같은 배우자, 외모와 조건만 좋은 배우자를 만나면 결혼생활은 순탄치 않게 됩니다. 결혼생활은 끝장납니다. 눈만 뜨면 한숨과 고통과 눈물의 연속이 될 것입니다. 부부가 아니라 원수가 될 것입니다. 결혼하고 재혼한 것을 후회합니다. 부부 싸움과 갈등은 사라지지 않을 것이고, 이로 인한 스트레스는 엄청날 것입니다. 날마다 폭언과 폭력에 시달릴 것입니다. 사사건건 다툴 것입니다. 이에 인내가 끝나면 별거하거나 이혼으로 갑니다. 그리하면 당사자들이나 자녀들이 큰 상처를 받고 불행하게 됩니다. 결혼에 대해 불신이 발생합니다. 그런 자녀들은 결혼을 피합니다. 설사 결혼을 하였다고 치더라도 불행하게 살 공산이 큽니다. 의부증이나 의처증에 빠져 피차 힘든 생활을 하게 됩니다. 그래서 조건만남을 주선하는 결혼정보회사 등의 매칭을 조심해야 한다고 하는 것입니다.

그리고 결혼은 100m만 달리는 단거리 경주가 아닌 42.195km의 마라톤, 장거리 경주와 같습니다. 5~6년 사는 아주 짧은 결혼이 아니라 30세에 결혼했다면 50~60년 이상 90세 전후까지 인생을 달리고 사는 결혼입니다. 젊었을 때, 일에 빠져 있을 때, 놀거리가 많았을 때, 수다를 떨 친구들이 많았을 때는 혼자 사는 것이 좋습니다. 그러나 나이 60이 넘어가면 상황이 역전됩니다. 마치 중고 자동차처럼 여기저기 고장이 나기 시작합니다. 슬슬 여기저기가 아프게 됩니다. 활동 반경이 좁아집니다. 이곳저곳에 다니고 싶지 않습니다.

그러면 친구를 만나고 어디를 다니고 하는 것이 귀찮아집니다. 자식과 친척과 많은 돈과 좋은 집과 좋은 차가 있어도 해법이 아닙니다. 요즈음은 모두 바쁩니다. 가족이라도 1년 내내 이산가족으로 지냅니다. 함부로 부를 수도 없습니다. 나이 먹을수록 집에 거하는 시간이 많고 더욱 아프고 외롭게 됩니다. 자잘한 병들이 찾아옵니다. 편히 혼자 사는 것이 좋은 시기도 한때에 불과합니다. 인생을 길게 보아야 합니다. 언제까지 혼자 그렇게 살지 못합니다. 그래서 나이 먹으면 함께 살면서 근거리에서 서로 돕고 이야기하며 지낼 말벗이 필요합니다.

아무리 돈이 많고 좋은 집에 살아도 혼자 살고, 외롭고, 몸이 아프기 시작하면 다 소용이 없습니다. 이때 가장 필요한 사람은 한 몸인 배우자입니다. 의리가 있고 궁합이 잘 맞는 배우자뿐입니다. 늘 곁에서 말벗이 되어 주고, 다양한 돌발변수가 생길 때마다 상호 도움을 주고받고 살 수 있는 배우자가 필요합니다. 이에 궁합이 잘 맞는 배우자가 있어야 상호 간에 도움을 받고 외롭지 않습니다. 그래서 사별할 때까지 좌고우면하지 않고, 중도에 헤어지지 않고, 고락을 함께하고, 사별할 때까지 함께 걷고 달릴 수 있는 지구력이 든든한 사람을 검증하고 선택해야 합니다.

의리가 있고 무한 사랑과 무한 책임을 질 사람이 필요합니다. 자기 몸같이 배우자를 사랑해 줄 사람이 필요합니다. 이기적이고 계산적인 배우자는 사절해야 합니다. 자기가 불리하다 싶으면 언제든지 배신할 가능성이 있습니다. 재력만 보고 접근하는 사람도 절대 사양해야 합니다. 그래서 단거리 배우자를 선택하면 큰일 납니다. 사람은 크게 두 가지 면을 보고 결정합니다. 이런 기준이 나쁜 것은 아닙니다. 우선은 외모인 인상입니다. 인상이 끌리지 않으면 그다음 단계로 넘어가지 못합니다. 이는 마트에 가서 물건을 살 때도 마찬가지입니다. 옷의 재질은 그다음입니다. 디자인이 자기 취향과 마음에 들어야 합니다.

인상에 매력을 느끼는 것은 사람마다 각기 그 취향이 다 다릅니다. 일정하지 않습니다. 잘생겼든 미모가 뛰어나든 보통이든 각기 자기가 좋아하는 인상 스타일, 취향이 있습니다. 문제는 인상이 좋아 연애를 시작했는데 중도에서 그만두는 경우들이 허다합니다. 그것은 만나는 과정에서 내면세계에 대하여 실망했기 때문입니다. 겉모습과 조건과 학벌은 화려한

데 오랫동안 만나보니 인상과 달리 속마음, 됨됨이, 인성이 부실하거나 역부족인 자들이 적지 않습니다. 외모와 학벌과 직장은 멀쩡한데 이상한 자들이 많습니다. 그런 경우 신속 정확하게 정리해야 삽니다.

그래서 외모만 보고 섣불리 판단하지 말고, 1차 만남에서 자기 취향에 맞는 사람이라면, 애프터를 신청한 이후 받아들이면 2차 이상 만남과 대화를 통해서 그 사람의 실상을 더욱 하나씩 깊게 확인해 가야 합니다. 만일 만남 과정에서 내구성이 아닌데 하는 것들이 발견되면 감정적으로 아무리 좋아도, 아무리 돈이 많아도, 아무리 외모와 조건이 탁월해도 더 이상의 관계는 이어 가지 말아야 합니다. 만일 인상과 조건에 끌려 내면세계가 부실한 자임에도 불구하고 결혼까지 간다면 후회하거나 이혼할 가능성이 매우 큽니다. 장거리 결혼생활은 첫인상과 조건과 학벌로 해결되지 않습니다. 소통과 대화가 잘되는 속마음이 잘 맞아야 합니다.

그러나 첫 만남 인상은 별로였는데 데이트를 해 보니 만나면 만날수록 내면세계, 됨됨이, 인성이 매력적인 사람들이 있습니다. 내면 성품과 실력이 탄탄한 사람이 있습니다. 그런 사람은 반드시 잡아야 합니다. 만나면 만날수록 괜찮고 끌리는 사람이 있습니다. 배울 점이 많은 사람이 있습니다. 신뢰가 가는 사람이 있습니다. 계속 만나서 대화를 해 보니 자신이 오해한 부분도 알게 됩니다. 더 맛이 나는 사람이 있습니다. 그런 경우 계속 사귀고 결혼까지 골인하는 것이 지혜이자 현명한 선택입니다. 최종적으로 인상과 조건과 내면세계를 두고 택일하라면 고민할 것도 없이 내면세계가 뛰어난 자를 선택해야 합니다. 그런 사람이 현명한 사람입니다.

인상이 좋은 사람은 단거리 선수이고, 내면세계가 좋은 사람은 장거리 선수이기 때문입니다. 단기간만 살 것 같으면 외모와 조건으로 결혼하면 됩니다.

그러나 평생 이혼하지 않고 살고 싶다면 사람의 내구성을 보고 선택해야 합니다. 자동차를 연상하면 이해하기 쉬울 것입니다. 며칠만 사용할 자동차라면 디자인이 기막힌 것을 구매하면 됩니다. 그러나 10년 이상 사용할 자동차라면 내구성이 탁월한 자동차를 구매해야 합니다. 사람의 외모와 조건은 세월이 흐르면 각종 변수로 이내 곧 퇴색됩니다. 별 감흥이 없습니다. 그러나 내면세계는 시간이 지날수록 포도주처럼 더욱 숙성됩니다. 진한 국물이 됩니다. 그래서 오랫동안 먹어도, 살아도 질리지 않습니다. 인생과 결혼생활은 장거리 경주와 같다고 했습니다. 결혼하여 몇 달, 몇 년 만을 살 것이 아니라면 수십 년과 죽을 때까지 잘 걷고 달릴 수 있는 장거리 선수와 연애를 하고 결혼을 해야 합니다. 이런 배우자는 지혜로운 자들에게만 보이고 선물이 됩니다. 그런 사람을 만나기 위해서는 자신도 그런 성숙한 안목과 수준이 되어야 가능합니다. 자기가 좋은 사람으로 성장해야 합니다. 사람이란 유유상종(類類相從)으로 자기의식과 수준대로 만나고 보이기 때문입니다.

부부생활, 결혼생활도 지구력이 없으면 오래가지 못하고 중도에 포기합니다. 이혼합니다. 게다가 외모와 조건을 시간이 지남에 따라, 상황에 따라, 각종 변수에 따라 언제든지 변할 수 있습니다. 반드시 변합니다. 그러나 사람의 견고한 중심(the heart)과 내면세계는 태풍이 몰아쳐도, 어떤 재난 재해가 불어닥쳐도 태산이나 반석처럼 쉽게 변하지 않습니다. 혹 그렇지 않은 사람도 있을 수 있습니다. 그런 사람은 원래 그런 사람인데 자신을 포장하고 산 사람입니다. 이런 부분을 잘 확인, 검증, 테스트한 이후 최종적으로 결정해야 합니다. 그러니까 좋은 배우자를 만나려면 이런 부분과 안목과 시각에서 지혜롭고 현명해야 그런 자를 얻을 수 있습니다.

사람이나 짐승들이나 유유상종입니다. 신기하게 그렇게들 선택하고 어울리고 삽니다. 주변 지인들이나 부부들을 보면 훌륭하든 훌륭하지 않든지 하는 언행을 보면 어쩌면 그렇게 비슷한지 신기합니다. 사람이란 끼리끼리 만납니다. 서로 비슷한 성향과 수준이기에 끌려 결혼하는 것입니다. 자신이 철이 없거나 어리석은 자이거나 생각이 짧은 자들은 단거리 배우자를 선택합니다. 너무 현실적으로만 접근합니다. 그러나 지혜롭고 생각이 깊은 사람, 인생을 멀리 보는 사람, 믿음의 사람은 장거리 배우자를 선택합니다. 어떠한 배우자를 선택하느냐에 따라서 행복과 불행한 결혼이 결정됩니다. 이 부분에서 실패한 자들은 이혼합니다. 결혼은 단순한 끌림, 감정, 호감, 인상, 돈, 조건, 사랑만으로 하는 것이 아닙니다. 종합영양제와 같은 사람과 해야 건강합니다. 한두 가지에만 끌려 결혼하게 되면 영양결핍이나 영양 불균형에 빠져 병이 듭니다.

 따라서 자신과 장차 태어날 사랑하는 자녀들과 부모와 형제들을 생각하고 행복을 위해서라도 결혼은 신중하고 무겁게 접근하고 결정해야 합니다. 처음에 조건과 외모는 별로이지만 지구력이 있는 사람, 장거리를 뛸 수 있는 사람, 같이 있으면 좋은 사람, 인성이 좋은 사람, 편안한 사람, 대화가 잘 통하는 사람, 내면세계에 견고한 사람을 만나 데이트를 하고 결혼해야 합니다. 신중하게 결정해서 결혼했으면 쓰든 달든 죽을 때까지 함께해야 합니다. 자기 결정에 쓰든 달든 100% 책임을 져야 합니다. 이혼은 생각지 말아야 합니다. 결혼을 가볍게 생각하거나 철없이 접근하면 큰코다칩니다. 그러기 위해서와 상대방에게 속지 않기 위해서는 데이트 초반에 인상과 내면 확인, 검증, 테스트를 다양하고 꼼꼼하게 잘해야 합니다.

 그렇게 하는 것이 자기의 행복과 안전을 위한 최선입니다. 태어날 자녀들에 대한 사랑이기도 합니다. 그렇다고 배우자 될 사람에 대해서 다 알 수는 없지만, 그래도 이렇게 하는 것만이 최선이고 최악의 결과를 예방하는 길입니다. 이에 〈결혼·이혼·재혼 예비고사〉가 필요한 것입니다. 이런 예비고사가 어떤 사람에 따라서는 내키지 않을 수도 있고, 불편하거나 피하고 싶을 수도 있습니다. 그러나 좋게 생각해야 합니다. 다른 영역에서는 이런 유사한 검증과 평가들이 일반적입니다. 쌍방이 공평하고, 안전하고, 신뢰하고, 서로에게 유익하기 때문입니다. 정기적으로 건강검진을 받는 것과 같다고 생각하면 됩니다. 불편하고 비용이 좀 지출되고 시간을 들여야 하지만, 그렇게 해야 자기 건강을 확인하고 각종 질병을 예방할 수 있습니다.

세상에 수고 없이 얻어지는 것은 없습니다. 누군가를 소개받았거나 자유롭게 만났든지, 상호 간에 첫인상이 통과되어 애프터를 받으면, 그다음 만남에서 이런 내용을 나누고 좋다고 하면 다음 만남에서부터 곧바로 이 예비고사 자료를 공유하여 쌍방이 한자리에서 검증한 이후에 만남을 계속 가질 것인지와 결혼을 할 것인지를 판단해야 합니다. 아니다 싶으면 신속 정확하고 단호하게 정리해야 합니다. 남녀는 자기 앞에 있는 사람이 전부가 아닙니다. 미련을 갖지 말아야 합니다. 첫 만남에서는 자기 취향에 맞는지를 판단하고, 2차 만남이 성사되면 두 번째 만남에서는 감정이 쌓이기 전 객관적이고 냉정한 시점에 신속하게 검증과 체크에 들어가야 합니다.

1차 만남은 쌍방의 인상에 대하여 호감을 검증하는 시간입니다. 어느 한쪽이 호감이 없으면 애프터나 만남은 어렵습니다. 1차에서 쌍방이 호감이 있다면, 2차 만남에서 예비고사에 대한 취지를 설명하고 서로 예비고사 항목을 검증하면서 대화를 나누면 됩니다. 만일 이런 것을 확인하는 것에 대하여 거부감이나 불편함을 보이면 만남을 재고해야 합니다. 중간에서 체크를 그만하자고 하는 사람도 마찬가지입니다. 이는 마치 학생이

시험 준비를 하지 말자고 하는 것과 같습니다. 그렇게 자신이 없거나 투명하지 않으면 신뢰하기 어려운 사람입니다. 신중하지 못한 사람입니다. 서로를 이런저런 방식으로 꼼꼼하게 체크하자는데 싫어하는 것은 신뢰할 수 없는 사람입니다. 뭔가 숨기고 싶은 것이 있는 사람입니다. 자신감이 없는 사람입니다. 그런 경우 단호하게 돌아서야 합니다. 예비고사 체크는 속도가 중요합니다. 서로가 정이 깊게 들기 전에, 다른 감정이 들기 전에 신속하게 해야, 아니다 싶으면 결단도 쉬워집니다. 기본적으로 체크할 것을 다 한 후 좀 편하게 데이트를 하는 것도 나쁘지 않습니다.

이 예비고사 책을 서로 준비하여 하나씩 체크하면서 의견을 나누고 이후 피차 판단하면 됩니다. 이에 마음에 들면 연애를 계속 이어 나가고, 자신과 너무 달라 아니다 싶으면 곧바로 만남과 인연을 끊어야 지혜입니다. 모든 것이 상관이 없다고 여기면 그냥 만나면 됩니다. 이때 일방적으로 스토킹은 하지 말아야 합니다. 서로의 주권을 존중해 주어야 합니다. 상대방이 싫다고 하면 자꾸 만나자고 무리한 요구를 하지 말아야 합니다. 깔끔하게 잘 돌아서야 합니다. 폭력이 있어서는 안 됩니다. 재혼할 때도 마찬가지입니다. 이는 회사에서 사원을 채용할 때 페이퍼테스트와 면접과 실습을 하여 채용 여부를 결정하는 원리와 비슷합니다.

이런 검증 과정 없이 사랑으로, 정으로, 믿음으로, 조건으로, 경제력으로, 친분만으로 채용하거나 결혼해 버리면, 그 후유증과 부작용은 장담하지 못합니다. 엄청난 모험이 됩니다. 향후 무슨 일이 발생할지 아무도 모릅니다. 그래서 유비무환(有備無患, 미리 준비되어 있으면 근심할 것이 없음)이 요구됩니다. 무엇이든지 방심하거나 가볍게 생각하고 결정하면, 자기 발등을 찍게 되고 후회할 날이 옵니다. 검증하고 검증해도 사람을 알아간다는 것, 어떤 사람인지를 파악한다는 것은 어려운 일입니다. 사람은 아주 복잡하고 숨은 것이 많기에 단순하게 접근하거나 만남만을 통해서 눈에 보이는 것만을 가지고는 제대로 알지 못합니다.

게다가 사람이란 보이는 것이 전부가 아닙니다. 그래서 많은 시간 동안 다양하게 크로스로 검증하는 것이 중요합니다. 적어도 6개월 이상은 알차고 구체적으로 검증해야 합니다. **'돌다리도 두드려 보고 건너라'**는 속담이 있습니다. 무엇이든지 결정하기 전까지는 지나치거나 병적으로 여길 정도로 신중해야 합니다. 그것이 지혜이자 안전입니다. 상대방에 대하여 검증한 결과 그 사람의 단점이나 약점까지도 감당할 마음과 자신이 생기면 좀 부실하더라도 만남을 이어 가도 됩니다. 그러나 상대방의 단점과 약점에 대해서 감당할 자신이 없으면 만남을 접는 것이 지혜입니다.

따라서 이 〈결혼·이혼·재혼 예비고사〉가 독자들에게 매우 유익하고 최선의 길로 인도하는 좋은 검증서와 안내서가 되기를 바랍니다. 이에 이 검증서를 잘 활용하여 결혼 전에 진국과 같은 이성을 만나 불행한 결혼생활을 예방하고 행복한 결혼생활을 누리는 귀한 도구가 되기를 바랍니다. 바라기는 한번 결혼하면 사망이 부부를 가를 때까지 부부가 껌딱지처럼 붙어서 끝까지 행복하게 살기를 바랍니다. 지혜롭고 현명한 후배 부부들은 선배 부부들이 걸어간 실패한 결혼의 길로 가지 않습니다. 그러나 어리석고 지혜롭지 못한 초혼이든, 재혼이든 예비부부들은 실패한 선배 부부들이 걸어간 불행한 길로 갑니다. 결혼을 앞둔 미래의 예비부부들은 앞서간 선배 부부들을 잘 관찰하여 반면교사로 삼아야 합니다. 모두의 행복한 결혼생활을 바랍니다.

2026년

모두의 행복을 바라는
장재훈 목사가

제1부

1차 만남
예비고사

　자연스럽게 만나든 누구의 소개로 만나든 어디에선가 이성(異姓)과 첫 만남을 갖게 됩니다. 대부분 상대방에 대한 정확한 데이터 없이 만납니다. 이 말은 위험한 만나일 수도 있다는 말입니다. 누군지도 정확히 모르고 만나기 때문입니다. 이것을 1차 만남이라고 하겠습니다. 첫 만남은 내면세계를 알아 가는 단계가 아닌 쌍방 모두가 평소에 가졌던 인상과 취향에 대한 이상형에 초점을 맞춥니다. 사람마다 자기가 선호하는 외모에 대한 인상 혹은 이상형이 있습니다. 누굴 만나든지 일단 외모에 대한 자기 취향에 맞아야 그다음 단계로 넘어갈 수 있습니다. 이것을 외모에 대한 호감이라고 합니다. 다르게 말하면 설렘과 끌림입니다. 남녀의 관계는 외모든 내면이든 기본적으로 이성으로 끌림과 설렘이 있어야 합니다. 이런 것은 어떤 좋은 조건과 학벌로 되는 것이 아닙니다. 순전히 첫인상과 마음의 요동입니다. 때로는 이유가 없을 수 있습니다. 보자마자 그냥 좋아지는 사람이 있습니다. 마음의 요동이 없을지라도 싫지 않은 마음이 들어야 합니다. 이는 원초적인 조건과 외모를 보는 것이 아니라 자기 취향을 평가하는 것입니다.

일단 첫 만남에서 첫인상이 자기 마음에 드는 것이 중요합니다. 이런 마음이 생겨야 다음을 기대할 수 있습니다. 당장 확인할 수 없고, 보이지 않는 내면세계나 진국 여부는 그다음입니다. 결혼은 현실이라고 하면서 조건이 중요하다고 하지만 인상이 자기 취향이 아니면 진행과 발전은 기대하기 어렵습니다. 조건이 최악이 아닌 이상 설렘과 끌림, 좋은 마음이 드는 이성과 만나야 합니다. 조건은 조건일 뿐이고 조건이란 언제든지 급변할 수 있습니다. 그래서 사람이란 자기 마음이 끌리는 사람과 만나고 결혼해야 합니다. 한집에서 함께 살 사람이라면 일단 쳐다만 보아도 마음이 설레야 합니다. 첫인상이 자기가 생각하는 이상형이 아니라면 그다음으로 넘어가기 어렵습니다. 한 집 한 방에서 날마다 아주 오랜 세월 동안 서로 마주 보고 살아야 할 사람인데 자기 이상형이 아니라면 좋은 만남이나 결합이 아닙니다.

예를 들어 마트에 가서 옷을 살 때도 옷이 비싸든 싸든, 멋이 있든 없든 평소에 자기가 좋아하는 옷 스타일이 있습니다. 취향이 있습니다. 다른 사람이 어찌 말하든지 일단은 그런 옷이 자기 눈과 마음에 들어와야 그다음에 옷을 입어 보든 흥정이든 이루어집니다. 자동차를 구매할 때도 마찬가지입니다. 사람마다 자기가 선호하는 자동차에 대한 취향이나 로망이 있습니다. 먼저는 회사, 자동차 유형, 디자인이 첫눈에 자기 취향이어야 그다음 딜러와 구매 대화를 이어 갈 수 있습니다. 자동차 금액과 연식과 내구성 등은 그다음입니다. 일단 자기가 좋아하는 스타일의 자동차여야 합니다. 이런 자세와 마음은 나쁜 것이 아니라 각자의 주권입니다.

첫 만남에서는 긴 시간이 아닌 짧은 시간에 이성과 이런 자기 취향 여부를 확인하는 시간으로만 가져야 합니다. 그래야 다음 after가 이루어질 수 있습니다. 가능하면 선입견 없이 만나는 것이 중요합니다. 이런저런 조건을 먼저 알고 가면 선입견이 생겨 순수한 만남을 해칩니다. 사람이라 어쩔 수 없습니다. 자세한 조건과 탐색은 2차 만남부터 알아 가고 확인해도 늦지 않습니다. 첫인상, 자기 이상형을 확인하는 데는 몇 초면 됩니다. 많은 시간이 필요치 않습니다. 만일 자기 이상형도 아닌데도 오랜 시간 이런저런 것을 묻고 확인하는 것은 무의미하고 서로에게 미안한 일입니다. 시간 낭비입니다. 상대방에 대한 신원조회는 1차 만남 이후 2차 만남부터 할 수 있는 내용입니다. 그러니까 1차 만남 시 예비고사는 아주 가볍게 인상을 보고 자기 취향인지, 이상형인지만 확인하는 시간으로만 만들고 헤어지는 것이 지혜입니다. 이런 취향 예비고사는 길어도 3분 안에 결정될 것입니다.

자기 이상형이 아니라면 첫날 첫 만남은 길게 만나지 않는 것이 좋습니다. 더욱이 서로가 자기 취향의 인상이 아니라면 길게 만날 이유가 없습니다. 더 이상 만나지 않을 것이기 때문입니다. 이런저런 이야기가 별 의미가 없습니다. 속히 만남을 접는 것이 좋습니다. 이때 자기 이상형이 아니다 싶으면 상대방이 확실하게 알아듣도록 거부 의사를 표현해야 합니다. 그렇지 않으면 상대방이 미련과 희망과 오해를 가질 수 있습니다. 사람에 따라서는 분명하게 거부 의사를 말하지 않으면 알아듣지 못할 수도 있어, 그 이후 불편한 일이 생길 수 있으니 첫 만남 자리에서 분명하게 자기 의사 표시를 해야 합니다. 예를 들면 'ㅇㅇㅇ 님은 제 이상형이 아닙니다.' '제가 평소에 가졌던 이상형이 아닌 것 같습니다.' '제 마음이 요동하지 않습니다.' '여기까지만 하겠습니다.'라고 말해야 합니다. 만일 서로가 (쌍방이) 좋다고, 마음에 든다고, 더 알아 가고 싶다고, 만나고 싶다고 하면 좀 더 대화를 나누고, 그 자리에서 서로가 연락처를 주고받은 이후 다음 만남을 약속해야 합니다.

혹 첫 만남에서 외모가 자기 취향이 아니더라도 몇 번 교제한 후에 결단하겠다는 마음이 들면 그리하는 것도 좋은 선택과 지혜라고 생각합니다. 사람은 외모가 전부가 아니고, 잠시 만남을 통해 그 사람의 진짜 실력을 알 수 없기 때문입니다. 사람에 따라 대화하면 할수록, 만나면 만날수록 매력이 나오고 진국인 사람이 있습니다. 귀한 보배는 외모로 나타나지 않고 마음 깊이 숨어 있어 대화를 해 보지 않으면, 거듭 만나보지 않으면 알 수 없습니다. 사실 내면이 알찬 사람이 더욱 귀합니다. 시간이 지나도 질리지 않습니다. 그러나 외모는 시간이 지나면 변하거나 무감각하게 됩니다. 인생을 오래 살아본 사람은 내면이 더욱 중요하다는 것을 압니다. 그러므로 때론 외모가 자기 취향이 아니라고 해서 단칼에 거부하는 것은 지혜가 아니라고 생각합니다. 귀한 사람을 놓칠 수 있습니다.

2차 만남
예비고사
(7가지)

　1차 만남이 통과되면 2차 만남에서는 본격적인 상호 검증에 들어갑니다. 이것을 타당성 검증이라고 하겠습니다. 이것이 소위 '예비타당성조사'라는 것입니다. 모든 사업과 건설은 먼저 '예비타당성조사'를 한 이후에 적합 평가가 나오면 시작합니다. 그렇지 않으면 위험합니다. 만나는 사람에 대해서도 2차 만남부터는 자신과 평생을 할 적임자인지, 전체 궁합이 잘 맞는지 예비타당성조사를 해야 합니다. 또 하나는 서로 구두로든 문서로든 MOU(양해각서)를 맺어야 합니다. 이러한 협정은 국가 간에, 정부나 기업에서 주로 합니다. 하나의 데이트 신사협정입니다. 무슨 양해각서입니까? 이성이 서로 만난다고 끝까지 가는 경우는 많지 않고, 도중에 데이트 폭력이나 스토킹이나 괴롭힘 등 불미스러운 일이 종종 발생합니다. 살인까지 일어납니다. 이에 대한 예방 차원으로 서로 깔끔하게 만나고, 서로에게 무례한 언행을 금하고, 쌍방이 원치 않으면 깨끗하게 헤어지자는 MOU입니다.

　이것은 필요합니다. 초혼자나 재혼자나 다 필요합니다. 서로를 더 알아가기 위해서 만나는 것이니 서로에 대해서 구체적으로 알아갈 수 있는 내용을 가지고 만나야 합니다. 그래야 만날 때마다 새롭고, 신나고, 기대가 들고, 알찬 데이트가 될 수 있습니다. 그것은 공적이고 객관적인 기본 사항을 확인하는 단계입니다. 일단 첫 만남과 인상에서 마음에 들어 만나기로 했어도 그것은 어디까지나 인상, 외모, 취향에만 국한된 것이지 그 사람이 어떤 사람인지, 믿을 만한 사람인지, 계속 만나도 안전한 사람인지는 전혀 모르는 상태입니다.

따라서 상대방에 대하여 객관적으로 알 수 있는 가장 기초적인 것을 확인해야 합니다. 영어나 수학을 배우듯 학습하면 됩니다. 그것은 기본적인 신상정보에 관한 것입니다. 이 부분은 사람에 따라 매우 예민할 수 있습니다. 사생활에 대한 것이기 때문입니다. 하지만 너무 이상하게 생각하지는 말아야 합니다. 당연하게 이해해야 합니다. 서로의 행불행의 인생이 걸린 만남이기 때문입니다. 중요한 기관에 출입할 때나 취업 등에도 이런 절차와 과정은 필수입니다. 그래서 상호 허락이나 이해가 있어야 합니다. 쌍방이 동의한 상태에서 검증할 사항, 자료에 대하여 1주일이나 2주 정도 시간을 주고 준비한 이후 만나서 상호 간에 공적 자료를 나누고 확인합니다.

서로의 안전과 신뢰를 통해 만남을 계속 추진하기 위한 예비고사입니다. '왜 사람을 믿지 못하느냐?'라고 불편한 마음을 갖거나 따지는 것은 상식과 지혜가 아닙니다. 상대가 누군지도 모르고 만나는 자체가 불안과 위험 요소입니다. 기본적으로 믿을 만한 사람이라는 객관적인 확인을 한 이후에 본격적으로 만나는 것이 안전하고 서로에게 유익합니다. 그러니 불편함이나 오해가 없어야 합니다. 만일 이 부분을 하지 못하겠다고 하면 즉시 이별이 지혜입니다. 만나지 말아야 합니다. 무엇이든지 투명하지 않은 사람, 자신감이 결여된 사람은 신뢰하기 어렵습니다. 무엇을 믿고 만나겠습니까? 상대방 말만 믿어야 합니까?

어느 나라든지 중요한 기관이나 단체를 출입하거나 사람을 만날 때는 먼저 사전에 신원을 확인하고 대조합니다. 결혼정보회사에서도 가입, 등록 전에 먼저 신원확인은 필수입니다. 그것도 당사자가 서류를 제출하는 것이 아니라 결혼정보업체에 위임장을 해 주고 회사 직원이 서류를 준비합니다. 이 부분에서 얼마나 철저하게 하는지 모릅니다. 그 이유는 속이고 조작하는 자들이 있기 때문입니다. 사람들은 기본적으로 거짓말에 능수능란합니다. 이는 부인할 수 없는 사실입니다. 사람들이 부패하고 타락한 죄인들이라 본능적으로 거짓말을 잘합니다. 그래서 객관적인 자료를 통해서 어느 정도 믿을 만한 사람이라는 사실을 확인할 필요가 있습니다. 결혼과 재혼은 부부 당사자는 물론 자녀들의 행불행이 달린 너무나도 중요한 일이기에 쌍방이 기본적으로 세밀하게 확인해야 하는 것이 있습니다.

이러한 기본 사항은 고위공직자 청문회 때나 정보기관 등에서 다루는 것입니다. 대선과 총선과 지선에서도 예비 후보자들에게도 요구하는 공적이고 필수 사항입니다. 그런즉 누구든지 기분 나쁘게나 이상하게 받아들일 이유가 없습니다. 서로가 안전하고 유익합니다. 그러니 오해가 없기를 바랍니다. 혹 서로가 이런 것은 필요치 않다고 한다면 그냥 만나면 됩니다. 그러나 사람의 실상을 어느 정도 아는 사람과 지혜롭고 속이 깊은 사람들은 돌다리도 두드리고 지나갑니다. 그렇다면 무엇을 확인해야 합니까?

첫째는 '혼인관계증명서'입니다.

먼저 서로가 이와 관련하여 솔직하게 말해야 합니다. 종종 정직하지 않은 사람들이 있습니다. 숨기는 자들이 있습니다. 소위 '사기 결혼', '위장 결혼'이 늘어나고 있습니다. 우리 사회에 거짓말과 속임은 일상화되었고 보편화되었습니다. 부패하고 타락한 사람들은 목적을 이루기 위해서는 수단과 방법을 가리지 않습니다. 그래서 '혼인관계증명서'는 반드시 확인해야 합니다. 이 증명서는 '주민자치센터'(동사무소, 면사무소, 구청)에서 발급해 줍니다.

둘째는 '건강진단서'입니다.

결혼 예비자나 재혼 예비자는 몸과 마음과 정신과 신앙이 건강한 상태에서 시작해야 합니다. 그것이 서로를 위하는 것입니다. 건강에 심각한 요인이 있는 사람과 결혼하면 피차 불행하게 됩니다. 치명적인 질병이 있는 사람은 치유한 이후 결혼을 생각해야 합니다. 그것이 자신을 위하고 상대방을 사랑하는 것이 됩니다. 결혼과 재혼을 목적으로 자신의 건강 상태를 숨길 수 있습니다. 요즈음은 겉은 멀쩡한데 정신적으로나 신앙적으로 심각한 이상 증세가 있는 자들이 있습니다. 결혼 이후에 발생한 질병에 대해서는 어쩔 수 없지만, 결혼 전에는 건강하다는 것을 확인해야 합니다. 그래야 여러 근심과 문제가 발생하지 않습니다. 지병이 있는 경우 사실대로 알리거나 치료 후에 누구를 만나든 만나야 합니다. 질병이 있어도 상관없다고 해도 확인해야 합니다. 이 증명서는 '보건소'에서 검진을 받고 발급해 줍니다.

셋째는 '부동산등기본등본'입니다.

이는 집, 토지 등 부동산에 대하여 명확하게 알기 위해서입니다. 이 부분에서도 정직하지 않은 자들이 있습니다. 그래서 결혼정보회사나 연애 매칭을 하는 곳 등에서는 자가, 전세, 월세, 연봉 여부를 반드시 묻습니다. 남녀의 만남은 서로가 정직한 상태에서 진행되어야 합니다. 그래야 나중에 후유증이 없습니다. 이 증명서는 '법원'이나 '무인 발급기'에서 얻을 수 있습니다.

넷째는 '통장잔고증명서'입니다.

돈이 많든 적든 기본적으로 재정에 대하여 투명성이 확보되어야 합니다. 깡통인지 아닌지를 말입니다. 말로만 가지고는 신뢰가 확보되지 않습니다. 특히 입출금 현황은 매우 중요합니다. 수입과 지출이 주로 어떻게 흐르고 있는지를 확인하고 평가할 수 있기 때문입니다. 돈 씀씀이 흐름은 그 사람의 마음과 가치관과 실상을 엿볼 수 있습니다. 이것은 '은행'에서 발급해 줍니다. 가능하면 입출금 통장도 확인해야 합니다.

다섯째는 '신원증명서'입니다.

오늘날 신원이 불명확한 자들이 종종 있습니다. 어디에서 살고 있는지, 누구인지를 명확하게 확인해야 합니다. 말로는 전적으로 믿을 수 없기에 공적인 증명서가 필요합니다. 신분을 속이거나 세탁하는 자들이 있습니다. 이것은 '주민자치센터(동사무소, 면사무소, 구청)'에서 발급해 줍니다.

여섯째는 '성범죄 및 폭력 등 범죄 증명서'입니다.

우리 주변에는 이런 자들이 있고 이런 일들이 많이 일어납니다. 누구나 스스로는 이런 사실을 말하지 않습니다. 도리어 감춥니다. 이런 사실을 밝히거나 알려지면 만남은 불가능하기 때문입니다. 그래서 반드시 확인해야 합니다. 만일 이런 증명서를 당당하게 제공하지 않는다면 일단 의문을 가져야 합니다. 멀리하는 것이 지혜입니다. 혹 성범죄자나 폭력이나 범죄 경력자와 만나거나 결혼하게 되면 위험합니다. 이것은 당사자가 '경찰서 민원실'에 가면 신청할 수 있습니다.

일곱째는 '재직증명서'입니다.

배우자는 신분이 분명해야 합니다. 그런데 그렇지 못한 자들이 있습니다. 신분을 조작하고 속이는 자들이 있습니다. 학력도 속이고, 직업도 속이고, 직장도 속입니다. 그래서 재직증명서가 필요합니다. 재직증명서는 소속 기관이나 직장에서 발급해 줍니다.

위와 같은 것만 객관적으로, 공적으로 확인되어도 어느 정도 신뢰 가운데 만남을 이어 나갈 수 있습니다. 만일 이런 확인 요구에 대하여 이런저런 이유를 대면서 회피하면 만남을 멀리하는 것이 지혜입니다. 자신이 없는 자들은 불편하다고 하거나 화를 낼 것입니다. '자신을 왜 믿어 주지 않느냐?'고 말입니다. 누구라도 말만으로는 신뢰가 100% 확보되지 않습니다. 기본적으로 사람들은 거짓말 선수들이기 때문입니다. 그러므로 처음부터 확실하게 확인한 이후 편하고 신뢰 가운데 만나는 것이 지혜입니다.

인류의 유일한 구세주인 예수님을 믿고 진실로 거듭나지 않은 사람들은 여러 면에서 정직하지 않게 살아갑니다. 죄 덩어리로 타인을 속이는 것이 본능이기 때문입니다. 이는 확인할 필요가 없는 것입니다. 설사 신앙생활을 한다고 하더라도 미성숙한 사람은 종종 불의한 짓을 합니다. 그러므로 서로가 안심하고, 전적으로 신뢰 가운데 만남을 지속하기 위해서는 위에서 언급한 기본적인 사항에 대해서 반드시 확인이 필요합니다. 당당하고 떳떳하다면 거부할 이유가 하나도 없습니다. 만일 이런 요구를 불편하다고 하거나 거부하는 사람이라면 만남 자체를 백지화하는 것이 안전합니다. 무엇이든지 안전하게 가는 것이 최상입니다. 그래야 더욱 신뢰 가운데 데이트를 할 수 있고 나중에 후회하지 않고 후유증과 부작용이 덜합니다. 조심하고 확인하는 것은 아무리 강조해도 부족합니다.

3차 만남
예비고사
(53가지)

2차 만남에서 상호 간에 객관적인 기본 자료를 공유하고 예비고사를 검증하여 통과되면, 3차 만남으로 넘어갑니다. 물론 이때도 쌍방 통행이어야 합니다. 만일 한쪽이 만날 의향이 없으면 깨끗하게 헤어져야 합니다. 이때도 서로가 자기 의사를 분명하게 하고 단호하게 표현해야 합니다. 그래야 상대방이 미련이나 오해를 갖지 않습니다. 2차 만남을 패스하면, 3차 만남 시 상호 간에 좀 더 진일보하고 기본적인 핵심 사항을 검증합니다(o, x). 모두 54문항입니다. 서로에 대해서 좀 더 알아 가고, 후회가 없도록 신중하게 하자는 취지입니다. 혹 원치 않으면 여기서 멈추고 헤어집니다. 상대방이 자기 배우자감이 아니다 싶은데 단호하게 끊지 못하면 평생 후회하게 됩니다.

1. 상대가 마음에 들면 결혼과 재혼할 마음이 있다. 없다.
2. (질병, 지병, 복용 약 유무)건강하다. 아니다.
3. (객관적인 고집이 아닌)주관적인 고집이 세다. 아니다.
4. 깊은 마음과 정신과 육체의 상처나 충격이 있다. 없다.
5. 모든 면에서 기본과 상식이 있다. 없다.

6. 누구든지 자신과 다른 점을 이해하고 존중한다. 아니다.

7. 나는 단식(싱글) 선수이다. 복식(부부) 선수이다. 둘 다다.

8. 나는 성격이 좋거나 무난하다. 아니다.

9. 나는 범사에 게으른 편이다. 아니다.

10. 나는 검소한 편이다. 아니다.

11. 나는 대화와 소통이 잘 되는 사람이다. 아니다.

12. 나는 억지를 주장하는 편이다. 아니다.

13. 다투더라도 오랜 시간이 걸린다. 바로 푼다.

14. 부부에 대하여 달면 삼키고 쓰면 뱉는 사람이다. 아니다.

15. 나는 비교적 정직한 사람이다. 아니다.

16. 나는 분수와 형편과 처지에 맞게 사는 편이다. 아니다.

17. 나는 범사에 지족하고 감사하며 산다. 아니다.

18. 나는 운동, 먹는 것 등 자기관리를 꾸준히 한다. 아니다.

19. 나는 체험주의, 신비주의, 자유주의 신앙을 추구한다. 아니다.

20. 성경에 언급한 부부의 질서와 의무를 따른다. 아니다.

21. 나는 미혼이다. 사별이다. 이혼이다.

22. 배우자의 불륜 때문에 이혼했다. 성격 차이 등 때문에 이혼했다.

23. 나는 불평과 불만과 원망과 짜증을 잘 낸다. 아니다.

24. 나는 외모나 조건보다 인성, 내면, 중심이 우선이다. 아니다.

25. 나는 현실이 전부라고 생각하는 자다. 아니다.

26. 나는 말이 거의 없는 사람이다. 아니다.

27. 나는 안티를 주로 하는 사람이다. 아니다.

28. 나는 잔소리나 말을 많이 하는 사람이다. 아니다.

29. 나는 표현을 잘 못하는 사람이다. 아니다.

30. 나는 스킨십을 거의 못 하는 사람이다. 아니다.

31. 나는 항상 상대방을 탓하는 사람이다. 아니다.

32. 나는 다정다감하거나 따뜻한 사람이다. 아니다.

33. 나는 불안, 공포, 미움을 소유한 사람이다. 아니다.

34. 나는 폭력적이고 불완전한 가정과 부모 밑에서 자란 사람이다. 아니다.

35. 나는 상대방의 말을 끝까지 듣지 않고 중간에 끊고 자기가 하고 싶은 말을 하는 사람이다. 아니다.

36. 나는 상대방에게 핀잔을 주고 공격적인 말을 하는 스타일이다. 아니다.

37. 나는 어떤 사람이나 어떤 일로 마음에 깊은 상처나 트라우마(충격)가 있는 사람이다. 아니다.

38. 나는 감정 기복이 심하다. 아니다.

39. 나는 딩크족(무자녀)이다. 아니다.

40. 나는 정상적인 섹스를 거부하는 자다. 아니다.

41. 나는 남녀 차이를 잘 이해한다. 아니다.

42. 나는 배우자를 소중하게 여긴다. 아니다.

43. 나는 상대방의 단점까지 사랑할 수 있다. 아니다.

44. 나는 어렸을 때 가정 경제력이 가난했다. 부유했다. 극심한 가난에
   허덕였다.

45. 나는 항상 내 말, 주장, 표현, 행동이 옳다고 생각한다. 그렇지 않다.

46. 나는 항상 상대방이 틀렸다고 생각한다. 아니다.

47. 나는 상대방과 대화가 안 되면 극단적인 언행을 취한다. 아니다.

48. 나는 자신의 실수, 잘못, 그릇된 표현 등에 대하여 즉시 인정하고 사
   과한다. 아니다.

49. 나는 사춘기 이전에 애정, 먹는 것, 학벌, 지식, 돈, 집, 공부, 외모,
   건강, 자신감, 인간관계 결핍(열등) 등이 있다. 없다.

50. 나는 다음과 같은 가정에서 자랐다. 다정다감한 가정. 폭력적인 가정

◇◇

51. 내 아버지는 이런 분이셨다. 자상한 분. 무난한 분. 폭력적인 분

52. 내 어머니는 이런 분이셨다. 다정하셨다. 사랑이 많았다. 이기적이
   었다. 사나웠다. 폭언과 폭력을 했다.

53. 사춘기 이전에 집에서 가장 힘들었던 점은 이런 것이다. 아버지와
   어머니의 불화. 차별. 가난. 살벌한 분위기. 부모 폭력. 부모 이혼.
   아버지 주폭 등

* 서로 충분한 대화와 해명과 이해를 통해서 체크한 후 after를 알린다.

제4부

4차 만남
예비고사

3차 예비고사에 통과하면 4차 만남을 가집니다. 이때도 쌍방이 동의해야 합니다. 일방적인 요구는 삼가야 합니다. 4차 만남은 좀 더 세밀하고 구체적으로 검증에 들어갑니다. 이때도 상호 허락하에 진행합니다. 만일 거부하면 검증을 포기하든지 아니면 여기까지만 만나고 헤어집니다. 이때도 분명하고 단호하게 자기 의사를 표현해야 합니다. 어느 쪽이든지 만나고 싶지 않다고 한다면 깨끗하게 단념해야 합니다. 허락하면 만나서 함께 하나씩 검증하며 대화를 나눕니다.

제1장

결혼 예비고사(150가지)

대한민국에서 법적으로 결혼이 가능한 나이는 남녀 모두 만 18세 이상(성년)이어야 가능합니다. 단, 미성년자(만 18세 미만)의 경우 부모의 동의가 필요합니다. 결혼은 당사자 간의 합의가 있어야 합니다. 혼인은 당사자 간의 자유로운 의사로 이루어져야 하며, 강요나 거짓으로 말미암아 이루어진 혼인은 무효가 될 수 있습니다. 서류상으로 혼인 신고를 진행하더라도, 강제성이 개입되었다면 법적 문제가 될 수 있습니다. 민법에서는 8촌 이내의 혈족, 직계 인척 간 결혼을 금지하고 있습니다. 동성 결혼도 금합니다. 배우자가 있는 상태에서 중혼(重婚)은 법적으로 금지되며, 이를 위반할 경우 혼인 무효 소송이 제기될 수 있습니다. 결혼한 자이자 배우자가 있는데도 이성을 사귀는 자들이 있습니다. 사기 결혼도 종종 있습니다. 그러니 상대의 신분을 확실하게 확인해야 합니다. 상대방 말만 들어서는 속기 쉽습니다. 이혼한 경우, 이혼판결문 및 가족관계증명서 등을 확인해야 합니다.

통계청이 발표한 2024년 혼인 건수를 보면 22만 2,000건입니다. 2023년도에는 19만 4천 건이었습니다. 그러니까 해마다 결혼 건수는 대략 20

만 명이라고 할 수 있습니다. 현재 'ENA'와 'SBS Plus'는 매주 수요일과 목요일 저녁 10시 30분에 〈**나는 솔로**〉(미혼자+돌싱자)와 〈**나는 솔로 사랑은 계속된다**〉라는 미혼자들의 매칭 프로그램을 방영하고 있습니다. 넷플릭스에서는 〈**솔로지옥**〉이 있습니다. 기독교인 미혼남녀를 중심으로 짝을 이어 주는 〈**크리스천 메이트**〉도 있습니다. 20대에서 40대까지입니다. 채널 A에서도 짝 프로그램인 〈**하트 페어링**〉을 두번 금요일 저녁 10시 50분에 방송하였습니다. 기독교 방송인 CBS TV에서도 매주 목요일 10시 20분에 〈**홀리한 내짝**〉 매칭 프로그램을 운영한 적이 있습니다. 어떤 자들은 일부러 결혼을 거부하지만, 어떤 자들은 결혼하고 싶어도 만남의 기회가 주어지지 않아 이런 짝 매칭 프로그램에 신청하여 출연하는 자들이 매우 많습니다. 결혼은 해도 후회하고 안 해도 후회합니다. 하지만 특별한 사명(진리와 공익적 싱글 사명의 삶)이 없는 이상 결혼이 지혜입니다. 하나님의 뜻입니다. 사람은 피차 돕는 배필이 필요할 정도로 불완전합니다.

그래서 젊었을 때는 혼자 사는 것이 좋을 수도 있지만, 나이 50대 후반 이상이 되어 자식들이 다 독립하여 혼자 살게 되면 배우자가 더욱 절실합니다. 인생은 긴긴 사막을 횡단하고 배를 타고 항해를 하는 것과 같기에 혼자 사는 것은 어느 때까지는 편하고 자유로울지라도 반드시 고통을 겪고, 외롭고, 후회할 때가 다가옵니다. 돈이 있고, 차가 있고, 집이 있고, 편하기만 하면 다 만족스럽고 해결되는 것이 아닙니다. 언제까지 어떤 처지와 상황까지 돈과 편리함이 해결사가 되어 주지 못합니다. 생각이 짧으면 나중에 다양한 삶의 변수가 발생했을 때 반드시 후회합니다. 젊었을 때는 결혼의 필요성을 크게 느끼지 못하겠지만, 나이 60이 넘어가면 달라집니다. 사람은 서로 의지할 대상이 필요합니다. 말벗이 있어야 합니다. 그렇지 않으면 매일 외로움과 고독이라는 고통을 당하고 고독사로 마감하기도 합니다.

결혼은 이 세상에서뿐입니다. 사후 내세에서는 결혼 자체가 없습니다. 부부도 없습니다. 따라서 이 세상뿐인 결혼을 진리 안에서 행하는 것이 나은 삶이자 지혜입니다. 혼자는 여러 가지로 불완전합니다. 나이를 먹게 되면 주변 지인과 친구들은 하나둘씩 멀어지거나 만남이 뜸해지게 됩니다. 그럴 때 배우자 외에는 자기 곁에 남는 자가 없습니다. 게다가 나이를 먹으면 건강도 약화됩니다. 변수들이 발생하는데 이때 배우자만 한 사람이 없습니다. 돈이 많다고 다 해결해 주지 못합니다. 자식이 있거나 주변 친인척이 있어도 신속하게 달려오거나 해결해 주지 못합니다. 자식과 배우자는 전혀 다른 존재입니다. 그 단적인 예가 부부는 서로 벌거벗고 있어도 아무런 문제가 없지만, 자식은 그렇게 못합니다. 그것이 부부와 자식 간의 차이점입니다. 그래서 부부는 필요합니다. 자녀들이 아무리 잘해 주어도 배우자의 빈자리는 채우지 못합니다. 그러다가 고독사(孤獨死)를 당합니다. 자식들은 이러한 것을 잘 모릅니다. 공감하지 못합니다. 경험하지 못한 영역이기 때문입니다.

그러나 배우자는 곁에 있으면서 자기 몸처럼 돌보고 사랑하게 됩니다. 어떤 속마음도 나눕니다. 자녀와 친구들에게 하지 못하는 말도 부부는 나눕니다. 성경은 사람들에게 결혼을 명령합니다. 세상 종말 때까지 생육하고 번성하는 것이 천지를 창조하시고 만물의 주인이신 하나님의 뜻이고, 부부가 서로 돕고 살게 하기 위함이고, 마음과 육체적으로 음행을 예방하기 위함입니다. 결혼(結婚)은 매우 신중하고 신중하게 접근하고 결정해야 합니다. 상대방에 대하여 충분히 검증한 후에 해야 합니다. 열 길 물속은 알아도 한 길 사람 속은 알 수 없기 때문이고, 결혼에 실패하면 이혼과 재혼 문제가 기다리고 있기 때문입니다. 이 과정에서 가정이 해체되고 자녀들이 상당한 상처를 받습니다. 아주 복잡한 결과와 미래가 기다립니다.

그래서 결혼은 매우 신중하게 해야 합니다. 신중한 검증을 통해서 결혼했으면 이혼은 꿈도 꾸지 말아야 합니다. 그 어떤 환경에 처해도 인내하고 살아야 합니다. 자기 결정에 책임을 져야 합니다. 사랑과 돈만으로는 살아갈 수 없는 것이 결혼생활입니다. 쉽게 결혼을 결정하지 말아야 합니다. 사람은 만나고 보고 들은 것이 전부가 아닙니다. 그것은 십 분의 일밖에 되지 않을 것입니다. 데이트할 때, 중매로 소개받았을 때 그 사람의 실상과 내면세계의 실상은 부분적으로밖에 모릅니다. 그 사람의 실상은 결혼생활 중에 나옵니다. 그래서 당황하고 이혼하는 것입니다. 그러니 데이트 중과 결혼 전에 1년 이상의 충분한 시간을 갖고 상대방의 장단점, 강점과 약점, 성향 등을 꼼꼼하게 검증한 후 결정해야 합니다. 서로가 만남 과정에서 탈탈 털어야 합니다. 결혼을 간단하게 생각하고 결정하면 반드시 후회합니다.

특히 감정에 휘둘리지 말아야 합니다. 감정에 휘둘리면 심신미약 상태가 되어 검증이 약화되거나 눈이 가려져서 실수하게 됩니다. 성경은 결혼에 대하여 이렇게 말합니다. 겉으로 볼 때는 사람들이 짝을 찾는 것처럼 보이지만, 신자나 불신자를 막론하고 하나님께서 짝지어 주시는 것, 허락하시는 것이라고 말합니다(마 19:6). 결혼제도는 사람과 천지 만물을 창조하신 하나님께서 만드셨습니다. 결혼은 오직 이성 간의 결합뿐입니다(창 2:24). 하나님께서 결혼제도를 만드신 목적은 세 가지뿐입니다.

첫째는 남녀가 한 몸이 되어 임신과 출산을 통해 **생육하고 번성하고(창 1:28)**, 둘째는 **부부가 서로 돕고(창 2:18)**, 셋째는 **간음과 간통 등 음행을 예방하기 위함**입니다(고전 7:1~2, 웨스트민스터신앙고백서 제24장 결혼과 이혼). 종합적으로 결혼은 하나님의 영광을 위함입니다(고전 10:31; 골 1:16). 부부의 개인 행복과 쾌락을 위한 것이 아닙니다. 이는 마치 애완견이나 모든 물건이나 소유물이 주인을 위해서 구매하고 존재하는 것과 같습니다. 기본적으로 결혼제도는 사람을 위한 것이 아닙니다. 이런 사실은 오직 성경만, 기독교만 가르치고 말합니다.

다른 종교나, 기독교인 아닌 다른 사람이나, 다른 곳에서는 알지 못하기 때문에 이런 식으로 말하지 못합니다. 결혼은 기본적으로 누구나 다 해야 합니다. 자녀들도 복수(複數) 이상으로 낳아야 합니다. 이것이 만물의 주인이신 하나님의 뜻이자 명령입니다. 단, 성경은 선천적으로 정신과 육체적으로 이상이 있거나, 나홀로 사명(나실인, 선교나 봉사 등)이 있는 사람은 전적으로 헌신하고 집중하기 위해서 혼자 살 수 있다고 합니다. 그 외에는 모두 결혼하고 출산해야 합니다. 이것이 하나님의 뜻이자 명령입니다. 물론 기독교인들은 주 안에서 해야 합니다. 이에 불순종하면 개인적으로나 국가적으로 상당한 불행과 후유증과 부작용이 나타납니다.

마태복음 19장 6절

"이러한즉 이제 둘이 아니요 한 몸이니 그러므로 하나님(God)이 짝지어 주신 것을 사람이 나누지 못할찌니라 하시니"(결혼은 하나님이 짝지어 주시는 것으로 인위적으로 이혼하지 못함)

창세기 2장 24절

"이러므로 남자가 부모를 떠나 그 아내와 연합하여 둘이 한 몸을 이룰찌로다"(남녀 결합)

창세기 1장 28절

"하나님이 그들에게(인류의 대표자 아담과 하와 부부) 복을 주시며 그들에게 이르시되 생육(生育)하고 번성하여 땅에 충만하라, 땅을 정복하라, 바다의 고기와 공중의 새와 땅에 움직이는 모든 생물을 다스리라 하시니라"(임신과 출산)

고린도전서 7장 2절

"음행의 연고로 남자마다 자기 아내를 두고 여자마다 자기 남편을 두라"(음행, 불륜 예방)

고린도후서 6장 14~15절

"너희는 믿지 않는 자(불신자)와 멍에를 같이하지 말라 의와 불법이 어찌 함께 하며 빛과 어두움이 어찌 사귀며 그리스도와 벨리알(사단 가리킴)이 어찌 조화되며 믿는 자(신자)와 믿지 않는 자(불신자)가 어찌 상관

하며"(동일한 신앙고백을 하는 신자와 결혼 명령, 물과 기름의 결합은 불가능)

신명기 7장 3~4절

"또 그들(우상 숭배하는 가나안 일곱 족속)과 혼인(결혼)하지 말찌니 네 딸을 그 아들에게 주지 말 것이요 그 딸로 네 며느리를 삼지 말 것은 그가 네 아들을 유혹하여 그로 여호와를 떠나고 다른 신들을 섬기게 하므로 여호와께서 너희에게 진노하사 갑자기 너희를 멸하실 것임이니라"(우상을 섬기는 이방인들과의 결혼금지, 신앙 변질 예방 차원)

에스라 9장 2절

"그들의(이방인들, 불신자들) 딸을 취하여 아내와 며느리를 삼아 거룩한 자손으로 이방 족속과 서로 섞이게 하는데 방백들과 두목들이 이 죄(罪)에 더욱 으뜸이 되었다 하는지라"(이방 여인들을 취한 것이 죄가 되었음)

에스라 9장 12절

"그런즉 너희 여자들을 저희(이방인들, 불신자들) 아들들에게 주지 말고 저희(이방인들, 불신자들) 딸을 너희 아들을 위하여 데려오지 말며…"(신자의 결혼 대상자는 동일한 신자다)

창세기 24장 3下~4절

"…너는(아브라함의 종) 나의(아브라함) 거하는 이 지방 가나안 족속(우상 숭배 이방족속)의 딸 중에서 내 아들을 위하여 아내를 택하지 말고 내

고향 내 족속에게로 가서 내 아들 이삭을 위하여 아내를 택하라"(아브라함은 이방인이나 불신자가 아닌 하나님을 믿는 족속에게로 가서 며느리를 찾음)

사사기 14장 1~3절

"삼손이 딤나(블레셋 땅, 지금의 가자지구-팔레스타인)에 내려가서 거기서 블레셋 딸 중 한 여자를 보고 도로 올라와서 자기 부모에게 말하여 가로되 내가 딤나에서 블레셋 사람의 딸 중 한 여자를 보았사오니 이제 그를 취하여 내 아내를 삼게 하소서 부모가 그에게 이르되 네 형제들의 딸 중에나 내 백성 중에 어찌 여자가 없어서 네가 할례 받지 아니한(불신자) 블레셋 사람에게 가서 여자를 취하려 하느냐 삼손이 아비에게 이르되 내가 그 여자를 좋아하오니 나를 위하여 그를 데려오소서 하니"(이방 여인과 결혼했으나 결국 불행하게 됨)

고린도전서 10장 31절

"그런즉 너희가 먹든지 마시든지 무엇을 하든지 다 하나님의 영광을 위하여 하라"(인간 창조의 목적은 하나님 영광을 위해서다)

골로새서 1장 16절

"만물이 그에게(하나님, 예수님) 창조되되 하늘과 땅에서 보이는 것들과 보이지 않는 것들과 혹은 보좌들이나 주관들이나 정사들이나 권세들이나 만물이 다 그로(하나님, 예수님) 말미암고 그를(하나님) 위하여 창조되었고"(만물은 하나님 자신을 위하여 창조하심)

사사기 3장 5~6절

"이스라엘 자손은 마침내 가나안 사람과 헷 사람과 아모리 사람과 브리스 사람과 히위 사람과 여부스 사람 사이에 거하여 그들의 딸들을 취하여 아내를 삼으며 자기 딸들을 그들의 아들에게 주며 또 그들의 신들을 섬겼더라"(우상 숭배자들과 결혼함으로 결국 배교함)

창세기 2장 18절

"여호와 하나님이 가라사대 사람의 독처(獨處, 독거)하는 것이 좋지 못하니 내가 그를 위하여 돕는 배필(配匹, 부부로서 짝)을 지으리라 하시니라"(사람은 불완전하기에 피차 돕는 배우자가 필요함)

전도서 4장 9~10절

"두 사람이 한 사람보다 나음은 저희가 수고함으로 좋은 상을 얻을 것임이라 혹시 저희가 넘어지면 하나가 그 동무를 붙들어 일으키려니와 홀로 있어 넘어지면 붙들어 일으킬 자가 없는 자에게는 화가 있으리라"(결혼의 유익과 강점)

전도서 4장 11절

"두 사람이 함께 누우면 따뜻하거니와 한 사람이면 어찌 따뜻하랴"(결혼의 유익과 강점)

전도서 4장 12절

"한 사람이면 패하겠거니와 두 사람이면 능히 당하나니 삼겹줄은 쉽게

끊어지지 아니하느니라"(결혼의 유익과 강점)

　특히 기독교인들은 초혼이든 재혼이든 삼혼이든 양보할 수 없는 준수 사항이 있습니다. 그것은 주 안에서, 바른 신앙고백 안에서, 진리 안에서 결합이 이루어져야 합니다. 이는 하나님의 명령입니다. 그러니까 그리스도인들은 건전한 그리스도인끼리 결혼해야 한다는 말입니다. 물론 현실은 그렇지 않은 기독교인들이 있습니다. 방송이나 유튜브 중장년 매칭 프로 등에서 배우자를 찾는 기독교인들 상당수가 상대에 대하여 기독교인이 아닌 자들도 상관없다고 합니다. 이는 매우 불신앙적이고, 위험하고, 어리석은 자세가 아닐 수 없습니다. 그런 자들 상당수는 불행과 고통을 겪고 후회합니다. 성경이 금하는 잘못된 단추를 끼웠기 때문입니다. 기독교인과 비기독교인의 결합은 아무리 사랑해도 한계가 있습니다. 심각한 갈등은 불가피합니다. 왜 주 안에서, 진리 안에서 결혼해야 합니까? 그것은 순수한 신앙을 유지하기 위함이고, 부부의 신앙과 마음과 가치관이 하나가 되게 하기 위함이고, 부부가 한마음으로 하나님만을 섬기게 하기 위함입니다.

　부부의 신앙이 같지 않거나 전혀 다르면 마음, 정신, 가치관, 세계관, 삶의 방향, 현세나 내세관 등이 따로 놀게 됩니다. 그리스도인은 빛의 자녀입니다. 불신자들은 어두움의 자녀들입니다. 빛과 어두움은 속성으로 볼 때 어울릴 수 없습니다. 빛은 빛과 어울리고, 어두움은 어두움과 하나가 될 수 있습니다. 이는 물은 물과 잘 어울리고, 기름은 기름과 잘 결합되고, 사슴은 사슴과 어울리고, 사자는 사자와 어울리는 것과 같습니다. 사슴과 사자가 어울리는 것은 불가능합니다. 물과 기름은 어울릴 수 없습니다. 물과 기름이 결혼하면 따로 놉니다. 하나로 살아가기 어렵습니다. 그래서 기독교인과 불신자의 결혼이 어렵다고 하는 것입니다. 사슴이 사자와 어울리는 순간 사슴은 위기에 놓이게 되고 결국 불행하게 됩니다. 사람이나 동물이나 짐승이나 이론과 실제에서 유유상종이 기본과 상식과 원칙입니다. 기독교인과 불신자와의 결합은 최악의 조합입니다. 삼손은 이런 경고를 무시했다가 비참하게 되었습니다. 솔로몬 왕도 마찬가지입니다.

같은 기독교인끼리 결혼해도 서로 미성숙하여 갈등은 불가피한데 불신자와 결혼하면 대형 갈등과 대형 사고는 피하지 못합니다. 삼손처럼 비참하게 됩니다. 후회합니다. 실제로 불신자를 사랑해서 결혼한 기독교인들은 나중에 후회합니다. 다시 강조컨대 빛과 어두움은 행복한 결합이 될 수 없습니다. 반드시 탈이 납니다. 그러니 누구와도 결혼할 수 있지만 주안에서 해야 합니다. 특히 오늘날 위장 결혼과 사기 결혼을 조심해야 합니다. 외국인이나 내국인이나 이민, 국적취득, 병역기피, 돈, 신분 세탁 등의 이유로 사랑하는 척하면서 속이고 결혼합니다. 그런 다음에 나중에 적절한 핑계를 대고 이혼하자고 합니다. 이런 사례가 종종 있습니다. 마음에 없는 결혼은 곧바로 이혼으로 이어집니다. 그러니 더욱더 철저하게 객관적인 자료를 통해서 검증해야 합니다. 상대방의 그럴듯하고 달콤한 말만 믿으면 속을 수 있습니다. 속은 다음에 통곡해도 소용없습니다.

〈성경이 허락하는 결혼 대상자〉

1. 미혼 기독교인

2. 사별한 기독교인

3. 이성(異姓) 기독교인

4. 배우자의 불륜으로 이혼한 기독교인 남녀

5. 불신 배우자의 신앙 포기 요구로 이혼당한 기독교인 남녀

6. 비슷한 신앙고백을 가진 그리스도인(1에서 5까지 해당하는 자 안에서)

7. 근친이 아닌 자(8촌 이내가 아닌 자, 민법)

〈성경이 금하는 결혼 대상자〉

1. 불신자(무교)

2. 동성자

3. 음행이 아닌 이유로 이혼한 기독교인 남녀

4. 타종교인(우상 숭배자)

5. 이단자

6. 중혼자(기혼자)

7. 신앙 문제가 아닌 이유로 이혼한 기독교인 남녀

8. 근친(8촌 이내, 민법)

9. 불건전한 신앙인

결혼을 전제로 만나고 있는 사람은 상대에 대하여 어느 정도 파악을 한 상태에서 만나야 합니다. 그 사람이 순한 양인지 사슴인지 아니면 늑대나 사자인지를 말입니다. 상대가 어떤 사람인지도 정확히 모른 상태에서 무조건 만나는 것은 사자나 호랑이 굴인지 사슴 굴인지 모르고 들어간 것과 같은 아주 어리석고 위험한 행위입니다. 따라서 안전한 만남과 결혼을 위해서 초기에 동일한 예비고사 항목을 가지고 현재 자기 앞에 있는 사람의 내면과 성향을 서로 하나씩 검증합니다.

만날 때에도 만난 자리에서 검증하면서 이야기를 나누는 것입니다. 검증하면서 이런저런 부분에 대하여 서로가 같은지 다른지를 비교하고 확인합니다. 모든 항목에 대하여 체크가 끝나면 의문이 들고 더 확인하고 싶은 부분과 사항에 대해서 상호 질문을 합니다. 모든 확인과 질문과 해명이 끝나면 숙고한 이후 계속 만날 것인지 아니면 만남과 인연을 중단할 것인지에 대하여 판단하고 결정하여 서로 자기 마음과 생각을 분명하게 전달합니다.

서로의 의식과 가치관과 세계관과 라이프스타일이 너무 다른 경우 둘이 하나가 되기란 어렵습니다. 어느 한쪽만 좋다고 하여 만남이 지속될 수 없습니다. 쌍방이 좋다고 해야 만남을 지속할 수 있습니다. 만일 서로의 의식과 가치관이 물과 기름과 같다면 만나지 않는 것이 쌍방에게 행복이고 이익입니다. 서로가 좋아하고 사랑한다고 하더라도 여러 가지가 맞지 않으면 불행은 불을 보듯 뻔하기 때문입니다. 그래서 감정을 앞세운 열심은 위험합니다. 지혜가 아닙니다.

　결혼은 좋은 감정만으로는 성립되지 않습니다. 중요한 점은 서로가 어떤 결정을 내리든지 이해하고 존중하는 것입니다. 상대방을 부담스럽게 하거나 불편하게 집착하지 않습니다. 나중에 연락하거나 찾지 않습니다. 깔끔하게 헤어집니다. 헤어지는 경우 서로의 연락처를 지웁니다. 이런 약속을 하고 만나고 예비고사를 기술하고 확인합니다.

1. 당신은 결혼할 마음이 있습니까?

1) 있다. 2) 없다. 3) 고민 중이다.

2. 결혼은 언제쯤 할 생각입니까?

1) 당장 2) 수개월 후 3) 수년 내

3. 경제적으로 결혼할 준비가 되어 있습니까?

1) 있다. 2) 아니다. 3) 시간이 필요하다.

4. 정신적으로 결혼할 준비가 되어 있습니까?

1) 있다. 2) 없다. 3) 자신이 없다.

5. 부모로부터 범사에 완전히 독립할 준비가 되어 있습니까?

1) 있다. 2) 없다. 3) 잘 모르겠다.

6. 직장 생활, 돈벌이는 하고 있습니까?

1) 있다. 2) 아니다. 3) 준비 중이다.

7. 결혼 전 결혼 예비 학교에 함께 갈 의향이 있습니까?

1) 있다. 2) 없다. 3) 생각해 보겠다.

8. 날마다 혹은 매주 운동을 합니까?

1) 한다. 2) 안 한다.

9. 사채나 은행 빚(채무)은 현재 있습니까?

1) 있다. 2) 없다.

10. 빚(대출)이 있다면 얼마나 있습니까?

1) 백만 단위 2) 천만 단위 3) 몇억 원 4) 수십억 원

11. 빚이 있다면 어디에, 얼마나 있습니까?

1) 사채업자 2) 은행 3) 개인 4) 많다. 5) 적다.

12. 소비와 지출 습관은 알맞게 합니까?

1) 분수에 맞게 2) 지나치게

13. 부자가 아닌 경우 소비와 지출은 어떻게 합니까?

1) 필요한 것만 2) 원하는 것만 3) 원하는 것과 필요한 것 모두

14. 부부는 서로 이해하고 존중해야 한다고 생각합니까?

1) 그렇다. 2) 그렇지 않다. 3) 모르겠다.

15. 부부는 왜 서로 이해하고 존중해야 한다고 생각합니까?

(   )

16. 사람과의 다툼과 갈등 시 어떻게 풉니까?

1) 바로 푼다. 2) 며칠 뒤에 푼다. 3) 피해 버리거나 침묵한다.

17. 결혼 주례자는 있어야 된다고 생각합니까?

1) 그렇다. 2) 그렇지 않다. 3) 서로 의논해서 하겠다.

18. 결혼하면 자녀는 낳을 생각입니까?

1) 그렇다. 2) 아니다. 3) 배우자와 의논해 보겠다.

19. 자녀를 낳으면 몇 명을 생각합니까?

1) 하나 2) 둘 3) 셋 4) 넷 5) 다섯 6) 여섯 7) 기타

20. 결혼하면 부부 자산 관리는 누가 하는 것이 좋다고 생각합니까?

1) 남편 2) 아내 3) 함께 4) 재정 관리를 가장 잘하는 사람

21. 당신의 취미는 무엇입니까?

(간단하게 기술:)

22. 당신의 주특기(장기)는 무엇입니까?

(간단하게 기술:)

23. 당신이 가장 싫어하는 스타일은 어떤 자입니까?

(간단하게 기술:)

24. 당신이 가장 좋아하는 스타일은 어떤 자입니까?

(간단하게 기술:)

25. 당신의 성격 스타일은 어떻습니까?

1) 내성적(조용함) 2) 외향적(활발) 3) 내향+외향

26. 당신은 예민한 성격입니까?

1) 그렇다. 2) 그렇지 않다.

27. 당신은 쉽게 상처를 받는 스타일입니까?

1) 그렇다. 2) 아니다.

28. 당신은 언젠가 깊은 상처를 받은 적이 있습니까?

1) 있다. 2) 없다.

29. 깊은 상처가 있다면 상담과 치유를 받은 적이 있습니까?

1) 있다. 2) 없다.

30. 당신은 술을 마십니까?

1) 그렇다. 2) 아니다.

31. 당신은 담배를 피우십니까?

1) 그렇다. 2) 아니다.

32. 당신은 마약을 하십니까?

1) 그렇다. 2) 아니다.

33. 당신은 도박을 하십니까?

1) 그렇다. 2) 아니다.

34. 당신은 투기성 투자를 하고 있습니까?

1) 그렇다. 2) 아니다. 3) 이젠 끊었다.

35. 투기성 투자를 하셨다면(하신다면) 그것이 무엇입니까?

1) 주식 2) 부동산 3) 코인 4) 기타

36. 불로소득을 어찌 생각하십니까?

1) 좋게 여긴다. 2) 좋지 않게 여긴다.

37. 당신은 업무용 외에 하루 휴대폰을 얼마나 사용합니까?

1) 30분 2) 1시간 3) 2시간 4) 3시간 5) 4시간

38. 휴대폰 사용을 새벽까지 하십니까?

1) 그렇다. 2) 아니다.

39. 다주택을 소유하고 계십니까?

1) 그렇다. 2) 아니다.

40. 당신은 게임(휴대폰이든 컴퓨터든)을 얼마나 하십니까?

1) 안 한다. 2) 1~2시간 3) 3~4시간 4) 5~6시간

41. 당신은 하루 일과(월~금)를 주로 무엇을 하며 보내십니까?

(간단하게 기술:)

42. 주말은 어떻게 보내십니까?

1) 잠만 잔다. 2) TV만 본다. 3) 스마트 폰만 한다. 4) 운동만 한다.

5) 지인들만 만난다. 6) 종교 활동을 한다. 7) 봉사 활동을 한다.

8) 다양하게 보낸다.

43. 당신은 매일 6시쯤 일어나고 12시 이전에 잡니까?

1) 그렇다. 2) 아니다. 3) 상황에 따라 다르다.

44. 당신은 매일 30분~1시간 정도 꾸준히 운동을 합니까?

1) 그렇다. 2) 아니다.

45. 당신은 매일, 매주, 매달, 매년 책을 읽습니까?

1) 그렇다. 2) 그렇지 않다.

46. 당신은 어려운 누군가를 돕고 봉사하며 삽니까?

1) 그렇다. 2) 그렇지 않다.

47. 당신은 십일조와 주일 감사헌금을 즐겁게 내고 있습니까?

1) 그렇다. 2) 아니다.

48. 당신은 주일날과 수요일 공교회 예배를 드리고 있습니까?

1) 그렇다. 2) 아니다. 3) 주일날만 드린다.

49. 당신은 매일 성경을 읽습니까?

1) 그렇다. 2) 아니다.

50. 당신은 수시로 혹은 매일 기도합니까?

1) 그렇다. 2) 아니다. 3) 가끔 한다.

51. 당신은 인류의 유일한 구원자이신 예수님을 믿습니까?

1) 그렇다. 2) 아니다. 3) 모르겠다.

52. 왜 예수님을 믿습니까?

(간단하게 기술:)

53. 당신은 어디서 와서 왜 살며 장차 어디로 간다고 확신합니까?

(간단하게 기술:)

54. 당신은 자녀를 낳으면 시간이 나는 대로 공동육아를 할 생각입니까?

1) 그렇다. 2) 아니다.

55. 당신은 가사 일을 돕고 살겠습니까?

1) 그렇다. 2) 아니다.

56. 당신은 주관적인 고집이 셉니까?

1) 그렇다. 2) 아니다.

57. 당신은 누구의 말도 듣지 않고 자기 고집대로 하는 경향이 있습니까?

1) 그렇다. 2) 아니다.

58. 당신은 상대방의 타당하고 객관적인 주장을 존중합니까?

1) 그렇다. 2) 아니다.

59. 당신의 정치, 정당, 이념 성향은 맹신과 맹목적입니까?

1) 그렇다. 2) 아니다.

60. 모든 것의 판단 기준은 무엇입니까?

1) 자기 생각과 경험이다. 2) 자기 신앙이다. 3) 성경과 헌법과 법률이다.

61. 당신은 무엇이든지 듣는 대로, 보는 대로 믿어 버리는 성향입니까?

1) 그렇다. 2) 아니다. 3) 늘 상고한 후에 타당하면 믿는다.

62. 고맙다, 수고했다, 미안하다, 사랑한다는 등의 표현을 잘하는 편입니까?

1) 그렇다. 2) 아니다.

63. 당신은 스킨십을 잘 하는 편입니까?

1) 그렇다. 2) 아니다.

64. 당신은 섹스에 대하여 어찌 생각하십니까?

1) 좋은 것 2) 나쁜 것 3) 부끄러운 것

65. 부부는 매주 정기적으로 섹스를 해야 한다고 생각하십니까?

1) 그렇다. 2) 아니다. 3) 잘 모르겠다.

66. 부부 중 어느 한쪽이 섹스를 거부할 수 있다고 생각하십니까?

1) 그렇다. 2) 아니다. 3) 잘 모르겠다. 4) 예외적이고 특별한 경우만

67. 섹스리스 부부를 어찌 생각하십니까?

1) 정상이다. 2) 비정상이다. 3) 잘 모르겠다.

68. 섹스는 누구만 할 수 있습니까?

1) 결혼한 부부만 2) 좋아하고 사랑하면 누구와도

69. 섹스는 언제까지 해야 한다고 생각합니까?

1) 신혼 때까지만 2) 자녀를 낳기까지만 3) 죽을 때까지

70. 부모를 말과 돈과 순종함으로 잘 공경합니까?

1) 그렇다. 2) 아니다.

71. 지금도 종종 도적질을 하십니까?

1) 아니다. 2) 그렇다.

72. 지금도 종종 누구에게든지 거짓말을 하십니까?

1) 아니다. 2) 그렇다.

73. 전에 누군가와 동거한 적이 있습니까?

1) 그렇다. 2) 아니다.

74. 결혼 전에 섹스(간음)했다면 진정으로 하나님께 회개했습니까?

1) 그렇다. 2) 아니다. 3) 섹스한 적이 없다.

75. 나의 것이 아닌 이웃의 모든 것에 탐심을 품은 적이 있습니까?

1) 그렇다. 2) 아니다. 3) 지금은 아니다.

76. 결혼한 부부는 무엇이든 첫째가 누구여야 한다고 생각합니까?

1) 배우자 2) 부모 3) 자녀 4) 친구 5) 직장 6) 일

77. 왜 부부가 첫째여야 한다고 생각합니까?

(간단하게 기술:)

78. 결혼하면 부모나 가족들이 결혼한 부부를 간섭, 상관할 수 있습니까?

1) 아니다. 2) 그렇다. 3) 특별한 경우 그럴 수 있다.

79. 78번에 대한 특별한 경우라면 어떤 경우입니까?

(간단하게 기술:)

80. 결혼하여 독립된 부부와 가정은 마음에 들든 아니 들든 누구도 마음대로 간섭, 섭정, 상관, 시비할 수 없는 이유가 무엇이라고 생각합니까?

1) 상식과 기본 2) 독립된 자치 가정으로 성경이 금하기 때문

81. 고부간 갈등 시 남편은 어찌해야 합니까?

1) 무조건 어머니 편을 든다. 2) 무조건 아내 편을 든다. 3) 전후 사정을 듣고 성경 사상에 맞게 공정하게 처리한다.

82. 배우자가 불륜, 폭언, 폭력, 거짓말을 행사하면 어찌하렵니까?

1) 곧바로 이혼한다. 2) 진정으로 용서를 구하면 용서하고 산다.

3) 법적으로 해결한다. 4) 사안에 따라 다르게 적용한다.

83. 결혼한 아내는 자녀 양육과 일 중 어느 것이 먼저라고 생각합니까?

1) 일 2) 자녀

84. 왜 자녀 양육이 먼저라고 생각합니까?

1) 아내(엄마)의 최고 사명과 역할과 의무가 자녀 양육이기 때문에

2) 단지 자식이기 때문에

85. 자녀 양육이 먼저이면 언제까지 친히 양육해야 한다고 생각합니까?

1) 세 살 이전 2) 유치원 3) 초등학교 4) 중학교 5) 고등학교

86. 양가 애경사는 어찌해야 합니까?

1) 시댁 어른만 잘 챙긴다. 2) 양가 어른을 동일하게 챙긴다.

87. 추석과 설 명절은 어찌해야 합니까?

1) 양가를 교대로 방문한다. 2) 어느 한쪽만 간다. 3) 어느 쪽도 안 간다.

88. 결혼 후 귀가 시간은 어찌 생각합니까?

1) 퇴근 후 일찍 들어온다. 2) 친구들과 늦게까지 논다.

 3) 직장 동료들과 2차 3차까지 간다.

89. 부부 대화에 대하여 어찌 생각합니까?

1) 일방적으로 한다. 2) 서로가 알맞게 한다.

3) 주거니 받거니 적절하게 한다.

90. 저축을 어떻게 생각합니까?

1) 매달 얼마씩이라도 한다. 2) 전혀 하지 않는다.

91. 라이프스타일이 다른 경우 어찌합니까?

1) 무시한다. 2) 존중한다. 3) 자기 스타일대로 하라고 요구한다.

92. 정신질환은 없습니까?

1) 없다. 2) 있다. 3) 있었는데 치료받았다.

93. 현재 고질적인 마음과 신체 질병은 없습니까?

1) 없다. 2) 있다. 3) 치료받고 있는 중이다.

94. 시간이 나는 대로 부부가 함께 운동할 의향이 있습니까?

1) 있다. 2) 없다.

95. 1년에 몇 번이라도 부부가 집이 아닌 곳을 나들이할 수 있습니까?

1) 있다. 2) 없다. 3) 생각해 보겠다.

96. 배우자를 말과 행동으로 다정다감하고 따뜻하게 대하겠습니까?

1) 그렇다. 2) 못한다. 3) 노력하겠다.

97. 부부의 의견이 충돌될 때 최종 결정은 누가 합니까?

1) 남편 2) 아내

98. 부부와 가정에서 범사의 최종 의사 결정은 누가 합니까?

1) 남편 2) 아내 3) 기타

99. 신혼살림 준비는 어찌해야 합니까?

1) 무리해서 한다. 2) 형편대로 한다. 3) 가볍게 한다.

100. 결혼식 지출은 어찌합니까?

1) 알뜰하게 한다. 2) 무리해서 한다. 3) 화려하게 한다.

101. 우상 숭배자와 결혼할 수 있습니까?

1) 할 수 있다. 2) 할 수 없다. 3) 모르겠다.

102. 다른 종교인이나 불신자와 결혼할 수 있습니까?

1) 없다. 2) 있다. 3) 모르겠다.

103. 같은 기독교인이면 무조건 결혼할 수 있습니까?

1) 할 수 있다. 2) 할 수 없다. 3) 모르겠다.

104. 왜 같은 기독교인이라도 결혼할 수 없는 대상이 있습니까?

1) 신앙 색깔이 달라서 2) 불건전한 신앙을 소유해서

105. 이단, 자유주의, 혼합주의(세속주의) 신자와 결혼할 수 있습니까?

1) 없다. 2) 있다. 3) 모르겠다.

106. 신앙은 강제, 강요할 수 있습니까?

1) 없다. 2) 있다.

107. 집, 자동차, 가전제품 등은 어찌 마련해야 합니까?

1) 가정 형편에 맞게 2) 원하는 것은 다 마련 3) 대출받아 산다.

108. 당신은 범사에 지족하고 감사합니까?

1) 그렇다. 2) 아니다.

109. 당신은 돈과 재물과 성공과 출세를 사랑합니까?

1) 그렇다. 2) 아니다.

110. 부부 별거를 어찌 생각합니까?

1) 가능하다. 2) 불가능하다. 3) 모르겠다.

111. 몇 달 이상 장기 기러기 부부를 어찌 생각합니까?

1) 불가하다. 2) 가능하다. 3) 며칠 정도는 가능하다.

112. 부부의 질서 준수를 어찌 생각합니까?

1) 지켜야 한다. 2) 지킬 필요는 없다. 3) 모르겠다.

113. 원치 않은 임신인 경우 어찌합니까?

1) 낙태한다. 2) 그대로 출산한다. 3) 모르겠다.

114. 낙태는 살인입니까?

1) 친자 태아 살인이다. 2) 살인이 아니다.

115. 당신의 삶과 모든 판단 가치관은 어디에 둡니까?

1) 자기 자신이다. 2) 세상 경향과 세태이다. 3) 성경과 바른 신앙교리이다.

116. 당신의 신앙 색깔은 어느 쪽입니까?

1) 이단 2) 자유주의 3) 혼합주의(세속주의) 4) 개혁주의/정통주의 5) 기타

117. 누군가가 겁박과 불이익을 주며 신앙 포기 강요를 하면 어찌합니까?

1) 저항한다. 2) 순응한다. 3) 타협한다.

118. 당신의 정치 색깔은 어느 쪽입니까?

1) 진보 2) 보수 3) 중도 4) 아무것도 아니다. 5) 진리의 편

119. 당신은 진보든 보수든 정당이든 이념이든 맹신과 맹종을 합니까?

1) 그렇다. 2) 아니다. 3) 성경 사상에 따라 지지와 거부를 한다.

120. 당신은 상대방 말을 무시하거나 듣지 않는 경향이 있습니까?

1) 그렇다. 2) 아니다. 3) 반반이다.

121. 데이트 폭력을 어찌 생각하십니까?

1) 있을 수 없다. 2) 있을 수 있다.

122. 혼전과 혼후 순결을 지켜야 합니까?

1) 지킬 필요가 없다. 2) 반드시 지켜야 한다.

123. 혼전 동거를 찬성합니까?

1) 찬성한다. 2) 반대한다.

124. 기독교 신자로서 불륜이 아닌 이유로 이혼자와 결혼하시겠습니까?

1) 있다. 2) 없다.

125. 당신은 항상 자기 말만 옳다고 합니까?

1) 그렇다. 2) 아니다.

126. 현재 어떤 치료를 받거나 약을 먹고 계십니까?

1) 없다. 2) 있다. 3) 있다면(   )

127. 당신의 건강 상태는 양호합니까?

1) 그렇다. 2) 아니다.

128. 왜 결혼하려고 합니까?

1) 외로워서 2) 어른들이 하라고 하니까

3) 남들이 다 하니까? 4) 하나님의 명령이니까

129. 어렸을 때 가정에서 언어나 신체 폭력자가 있었습니까?

1) 있었다. 2) 없었다.

130. 부모님 중 술, 담배, 마약, 게임, 도박 등의 중독자가 있었습니까?

1) 있다. 2) 없다. 3) 있었다면 무엇인가?(   )

131. 부모님은 정직하고 성실하고 사랑이 많았습니까?

1) 그렇다. 2) 아니다. 3) 아주 악했다.

132. 부모님을 존경합니까?

1) 그렇다 2. 아니다. 3. 한 분만 존경한다.

133. 스마트한 사람이 좋은가 다정다감한 사람이 좋습니까?

1) 스마트한 사람 2) 다정다감한 사람

134. 직업은 어떤 것을 선호합니까?

1) 안정적인 직종 2) 자유분방한 직종 3) 상관없다.

135. 데이트와 결혼생활은 같은 것이라고 생각합니까?

1) 그렇다. 2) 아니다. 3) 반반일 것이다.

136. 결혼이 어떨 것이라고 생각합니까?

1) 환상적일 것이다. 2) 가끔 힘든 일도 있을 것이다.

3) 좋은 일만 있을 것이다.

137. 부모가 만남과 결혼을 반대하면 어찌하겠습니까?

1) 순종한다. 2) 거부한다. 3) 설득한다. 4) 기다린다.

138. 부모님은 서로 사이가 좋았습니까?

1) 그렇다. 2) 아니다.

139. 부모님은 맞벌이를 하셨습니까?

1) 그렇다. 2) 아니다.

140. 부모님이 맞벌이를 하셨다면 자녀가 언제일 때까지 하셨나요?

1) 유치원 2) 초등 3) 중등 4) 고등 5) 계속

141. 부모님은 서로 가사 일을 잘 도우셨나요?

1) 그렇다. 2) 아니다. 3) 가끔.

142. 부모님은 교회에 나가시나요?

1) 그렇다. 2) 아니다. 3) 왔다 갔다 한다.

143. 당신은 언제부터 교회에 나가셨나요?

1) 모태 2) 초등 3) 중고 4) 대학생 5) 청년 6) 장년

144. 당신은 진실로 거듭났다고 생각하십니까?

1) 그렇다. 2) 아니다. 3) 확신이 없다.

145. 당신은 사후와 인간의 부활과 인류 최후의 심판을 믿나요?

1) 그렇다. 2) 아니다. 3) 모르겠다.

146. 당신은 어떻게 해야 구원을 받는다고 생각하시나요?

1) 선행 2) 오직 예수님만을 믿어야

3) 착하게 살고 다른 사람에게 피해를 주지 않아야

147. 결혼 준비는 어떻게 하실 생각입니까?

1) 혼자 한다. 2) 배우자와 상의한다.

3) 합리적이고 타당한 선에서 한다. 4) 분수에 맞게 한다.

5) 대출을 받아 무리하게 한다.

148. 당신은 극단적으로 편향된 유튜브나 방송 등을 보고 있습니까?

1) 그렇다. 2) 아니다.

149. 현세만 있다고 생각합니까?

1) 그렇다. 2) 아니다.

150. 육체적 죽음이 끝이라고 생각합니까?

1) 그렇다. 2) 아니다.

이혼 예비고사(13가지)

현재 이혼은 아주 심각한 상태입니다. 우리 주변을 둘러보면 이혼한 자들이 흔합니다. 이젠 60이 넘어선 자들의 황혼이혼도 늘어나고 있습니다. 대한민국 민법에서 이혼 방식은 두 가지가 있습니다. 협의이혼과 재판상 이혼(소송이혼)입니다. 협의이혼은 부부가 합의하여 이혼하는 방식입니다. 가장 간편한 이혼입니다. 재판상 이혼은 일방의 귀책 사유로, 합의가 불발된 경우 법원에 재판을 청구하는 방식입니다. 민법 제840조에서 정한 재판상 이혼 사유(조건)는 6가지입니다. 첫째는 배우자에 의한 부정행위입니다. 배우자가 간음과 간통과 불륜을 저지른 경우입니다. 둘째는 배우자의 악의적인 유기입니다. 정당한 이유 없이 배우자가 가정을 버리고 떠난 경우입니다.

경제적 책임 회피, 가출 후 연락 두절 등입니다. 셋째는 배우자 또는 그 직계존속에 의한 심히 부당한 대우입니다. 폭언, 폭행, 정신적 학대 등으로 정상적인 혼인 생활이 불가능할 정도의 경우입니다. 넷째는 본인이 배우자 또는 그 직계존속으로부터 심히 부당한 대우를 받은 경우입니다. 배우자 혹은 처가나 시가로부터 학대를 받은 경우입니다. 셋째와 반대의 경우입니다. 다섯째는 배우자의 생사불명입니다. 배우자의 생사가 3년 이상 불명인 경우입니다. 여섯째는 기타 혼인을 계속하기 어려운 중대한 사유가 있는 경우입니다. 성격 차이로 인한 심각한 갈등, 병적인 집착, 도박, 알코올 중독 등입니다.

통계청에 따르면 2024년 우리나라 이혼 건수는 9만 1,000건입니다. 2023년 이혼 건수는 9만 2,000건입니다. 그러니까 해마다 이혼 건수가 대략 9만 건 정도입니다. 우리나라 민법은 여섯 가지 이상으로 이혼 사유에 해당하는 조건이 있어 이 조건에 충족되면 이혼을 허락합니다. 하지만 성경과 하나님은 그렇지 않습니다. 그런데도 이혼하는 목사, 선교사 등 기독교인들이 있습니다. 하나님의 말씀을 따르지 않고 자기 마음대로 합니다. 이혼(離婚)은 매우 신중하고 무겁게 접근해야 합니다. 이혼에 따라 파장과 부작용과 후유증이 상상을 초월하기 때문입니다. 재혼 문제, 홀로 사는 문제, 자녀 문제, 경제 문제, 성적인 문제, 사회생활, 상처 문제, 외로움 문제 등등이 예측할 수 없게 기다립니다.

그래서 아주 차분하고 냉정하게 시간을 두고 고려해야 합니다. 감정이나 화를 참지 못해 이혼부터 하면 반드시 후회합니다. 이혼한다고 모든 것이 해결되거나 반드시 행복을 보장하지 못합니다. 천지 만물을 창조하신 하나님, 인간을 흙으로 창조하신 하나님, 결혼제도를 만드신 하나님, 부부를 짝지어 주신 하나님은 본래 이혼은 허락하지 않습니다. 하나님이 갈라서게 하는 것, 즉 부부가 사별하지 않는 이상 부부 이혼은 없습니다. 그러나 인간이 악하여 불가피하게 두 가지 이혼의 길을 열어 주셨습니다

(마 19:9; 고전 7:10~11, 15). 위장 이혼도 조심해야 합니다. 주택 청약이나 돈 등으로 인하여 거짓으로 이혼하는 경우가 종종 있습니다.

또한 이혼 공작도 있습니다. 자기가 좋아하는 기혼 배우자를 취하기 위해서 이혼시키는 술수입니다. 부패하고 타락한 사람들은 상상을 초월하는 온갖 짓을 다 합니다. 설마는 없습니다. 매주 월요일 채널A에서 다루고 있는 〈탐정들의 영업비밀〉을 보면 아주 심각합니다. 모두 실제 사건을 꾸민 것입니다. 이혼자들의 80% 이상이 불륜 때문이라고 합니다. 불륜이 성지는 직장입니다. 불륜자들의 대부분은 아주 가까이에 있습니다. 과거 친구이거나, 같은 부서에서 근무하는 사람이거나, 잘 아는 사이거나, 사업차 자주 만나는 사람이거나, 상하 관계 등으로 이루어집니다. 이성은 결혼 전이든 결혼 이후든 자주 만나면 이상해집니다.

성경에서 허락되는 이혼은 **배우자가 간음과 불륜을 저지른 경우(마 19:9, 5:32)와 부부가 예수님을 믿지 않고 살다가 예수님을 믿게 되었는데, 예수님을 믿지 않는 배우자가 신앙을 포기하지 않으면 같이 살 수 없다고 하면서 갈리기를 강력히 요구할 때(고전 7:15)**뿐입니다. 기타 여러 안타까운 사유는 세상 민법에서는 이혼 사유가 되지만, 성경은 이혼 사유로 말하지 않습니다. 가능하면 이때도 오래 참고 용서하고 살라고 합니다. 나머지 부부 갈등과 불미스러운 일은 지혜롭게 참고 사는 수밖에 없습니다. 소소한 것들은 이혼의 조건이 되지 못합니다. 그러나 현 세태는 무질서하게, 무원칙하게 이혼하고 있습니다.

그래서 후유증과 부작용이 많고 이혼은 새로운 출발이 아니라 새로운 불행과 고통이 시작됩니다. 깊은 상처를 앉고 살 뿐만 아니라 가족이 해체되고 이산가족으로 살아갑니다. 자녀들에게 깊은 상처와 결혼에 대한 불신을 심어 줍니다. 그래서 자녀들이 또 불행하게 되는 악순환이 발생합니다. 그래서 결혼은 잘해야 합니다. 그래야 이혼의 불행을 예방할 수 있습니다. 특히 위장 이혼을 조심해야 합니다. 빛(채무)과 원치 않은 위장과 사기 결혼을 한 자들 중에는 그럴듯한 사유를 들면서 잠시 이혼하자고 애원할 수 있습니다. 그러나 법적으로 이혼을 하게 되면 돌이킬 수 없게 됩니다. 성경적으로나 법적으로 말이 되지 않습니다.

고린도전서 7장 10~11절

"혼인한 자들에게 내가(사도 바울) 명하노니(명하는 자는 내가 아니요 주시라) 여자는 남편에게서 갈리지 말고(만일 갈릴찌라도 그냥 지내든지 다시 그 남편과 화합하든지 하라) 남편도 아내를 버리지 말라"(이혼금지)

마태복음 19장 9절

"내가 너희에게 말하노니 누구든지 음행한 연고 외에 아내를 내어 버리고 다른 데 장가드는 자는 간음함이니라"(간음, 간통, 불륜 외에 이혼 금함. 음행한 이유가 아닌 것으로 이혼하고 재혼하는 것도 간음으로 간주)

마태복음 5장 32절

"나는 너희에게 이르노니 누구든지 음행한 연고 없이 아내를 버리면 이는 저로 간음하게 함이요 또 누구든지 버린 여자에게 장가드는 자도 간음

함이니라"(간음, 간통, 불륜 외에 이혼 금함. 음행한 이유가 아닌 것으로 이혼하고 재혼하는 것도 간음으로 간주)

고린도전서 7장 15절

"혹 믿지 아니하는 자가 갈리거든 갈리게 하라 형제나 자매나 이런 일에 구속 받을 것이 없느니라 그러나 하나님은 화평 중에서 너희를 부르셨느니라"(결혼생활 중이거나 결혼 전부터 신앙을 가졌는데 불신 배우자가 이를 명분으로 이혼을 요구하거든 허락하라는 것)

〈성경이 허락하는 이혼 대상자〉

1. 배우자가 간음과 불륜을 행할 때
2. 배우자가 기독교 신앙 포기를 강력히 요구할 때

〈성경이 금하는 이혼 대상자〉

1. 하나님은 본래 이혼을 금함
2. 여러 부실한 문제가 있어도 간음과 불륜을 범하지 않은 자
3. 불신자 배우자라도 신앙 포기를 강력하게 요구하지 않는 자
4. 민법 제840조 6가지 사유에 해당자(불륜 제외)

　법적으로 이혼한 자들은 이제 남남입니다. 부부가 아닙니다. 그런즉 깔끔하게 각자도생해야 합니다. 이혼하고도 집착하는 일은 없어야 합니다. 자녀들 만남의 건을 제외하고는 서로 냉정하게 지내야 합니다. 물론 원수처럼 지내서는 아니 됩니다. 그러니 후회하지 않도록 이혼은 신중하게 해야 합니다. 물론 자녀들이 있으면 서로 자녀들을 만나게 해 주어야 합니다. 이혼한 부부들은 자녀들의 양육을 위해서 최선을 다해야 합니다.

1. 이혼에 대해서 어찌 생각합니까?

1) 할 수 있다. 2) 할 수 없다. 3) 모르겠다.

2. 경제적인 이유로 이혼할 수 있습니까?

1) 그렇다. 2) 아니다.

3. 성격 차이로 이혼할 수 있습니까?

1) 그렇다. 2) 아니다.

4. 폭언과 폭행으로 이혼할 수 있습니까?

1) 그렇다. 2) 아니다.

5. 서로 대화가 되지 않으면 이혼할 수 있습니까?

1) 그렇다. 2) 아니다.

6. 사사건건 충돌하면 이혼할 수 있습니까?

1) 그렇다. 2) 아니다.

7. 불륜을 저지르면 이혼할 수 있습니까?

1) 그렇다. 2) 아니다. 3) 할 수도 있고 안 할 수도 있다.

8. 불륜을 저질렀을 때 용서를 구하면 어찌합니까?

1) 용서해 주고 산다. 2) 그래도 이혼한다.

9. 한번 용서해 주었는데 또 불륜을 저지르면 어찌합니까?

1) 용서를 구하면 또 용서해 준다. 2) 용서 못 한다.

10. 성적(섹스) 트러블로 이혼할 수 있습니까?

1) 있다. 2) 없다. 3) 모르겠다.

11. 무능한 배우자와 이혼할 수 있습니까?

1) 있다. 2) 없다. 3) 모르겠다.

12. 술과 담배와 마약과 도박과 휴대폰과 섹스 등에 중독된 배우자와 이혼할 수 있습니까?

1) 있다. 2) 없다. 3) 모르겠다.

13. 이혼을 하였다면 왜 이혼을 하셨습니까?

1) 배우자 불륜 2) 성격 차이 3) 섹스 트러블 4) 경제 문제

5) 불성실과 무책임 6) 언어와 신체 폭력 7) 질병

8) 대화와 소통 부재와 불통 9) 중독 10) 불신 11) 불건전 신앙

12) 기타(   )

제3장

재혼 예비고사(213가지)

대한민국 민법은 재혼의 금지 대상으로 동성자, 만 18세 미만인 자, 중혼자, 8촌 이내의 혈족, 직계 인척에 대하여 재혼(결혼)을 금합니다. 그 외에는 자유롭게 재혼합니다. 통계청에 따르면 2024년 전체 혼인 건수 22만 2,000건 중 재혼 건수는 10.4%라고 했습니다. 80.4%가 초혼이었습니다. 그러니까 2024년 재혼자는 약 2만 2,000여 명이라고 할 수 있습니다. 이혼자들과 사별한 자들이 많은 만큼 재혼자들도 적지 않음을 알 수 있습니다. 2024년 8월 15일부터 JTBC는 5060 재혼 매칭 프로그램인 〈끝사랑〉(Last Love, 돌싱 중년)을 매주 목요일 저녁 8시 50분에 방송한 적이 있습니다. 제주도에서 8명의 남녀가 10일 동안 서로 만남과 교제를 통해서 자기 짝을 찾는 프로였습니다.

현재 ENA에서는 매주 수요일과 목요일 저녁 10시 30분에 미혼과 재혼 관련 매칭 프로그램인 **〈나는 솔로〉**와 **〈나는 솔로 사랑은 계속된다〉**가 방영되고 있습니다. 미혼자와 돌싱자들이 출연하여 자기 짝을 찾고 있습니다. 기독교인들만을 전문적으로 매칭하는 **〈크리스천 메이트〉**도 있습니다. 넷플릭스에서는 2026년도에도 전년도에 이어 **〈모솔연애〉**(모태솔로지만 연애는 하고 싶어)를 방영합니다. 유튜브에는 열 군데 정도 중장년 매칭 채널이 있습니다. 이런 곳은 신청자들에 대한 신원조회나 검증이 비교적 약하기 때문에 조심해야 합니다. 단순한 이력만 묻고 곧바로 서로에게 연결해 줍니다. 비용은 소개비 의미로 십만 원 정도 후원금을 받습니다. 상대방과 연결 전에 혹은 연결 이후에 후원금입니다. 어떤 곳은 알아서 후원금 여부를 판단하라고 하기도 합니다. 이런저런 사유로 노총각과 노처녀가 되었든, 사별과 이혼을 했든 혼자 살게 되면 누구나 위기와 고민에 처하는 것이 있습니다. 그것은 외로움과 경제적인 위기와 성적 욕구에 따른 고민과 건강 문제 등이 발생합니다. 그래서 이런 부분을 해소하고자 재혼을 생각하는 자들이 많습니다. 그러나 생각처럼 자기 뜻대로 재혼이 성사되는 일은 쉽지 않습니다. 자기와 여러 면에서 궁합을 맞는 사람을 찾기란 만만치 않기 때문입니다. 재혼 상대를 만나는 것은 더더욱 까다롭고, 복잡하고, 어렵습니다. 주변에 사람이 없습니다.

그러함에도 다양한 방식으로 짝을 찾습니다. 최선을 다해서 노력은 해야 합니다. 세상에서 둘이 사는 것도 힘든데 혼자 긴긴 인생을 산다는 것은 더욱 힘들기 때문입니다. 가능하면 좋은 짝을 만나 재혼하는 것이 가장 이상적입니다. 물론 혼자 살 수 있으면 혼자 사는 것도 하나의 대안이라고 생각합니다. 하지만 외로움, 허전함, 여러 연약함 등 자기관리를 잘하고 감당할 수 있어야 합니다. 긴긴 주야 동안 힘든 시간을 인내할 수 있어야 하기에 그렇습니다. 재혼도 초혼과 같은 결혼이므로 하나님이 정하신 세 가지 결혼의 목적(돕는 배필+출산+음란 예방)에 맞게 판단하고 추진해야 합니다. 이 세 가지 중 한 가지라도 절실한 자들, 필요한 자들은 재혼을 검토하는 것이 안전합니다. 기독교인들은 결혼이든, 이혼이든, 재혼이든 무엇을 하든지 진리 안에서, 주 안에서 해야 합니다. 하나님(성경)이 정하신 재혼의 조건에 맞는 자들과 해야 한다는 말입니다. 자기 기준이나 불신자들의 주장과 생각과 기준대로 하지 말아야 합니다.

그런데 기독교인 중에는 성경의 제시와 기준을 무시하고 자기 생각대로 결혼 대상자를 정하는 경우가 있습니다. 예를 들어 서로 종교를 존중해 주고 상관하지 않으면 무교든 타종교인이든 상관없다고 말합니다. 이는 단견이자 순진한 생각이고, 한 몸이라는 부부에 대한 기본 개념도, 성경이 제시한 기독교인의 배우자 기준에도 맞지 않는 어리석은 주장입니다. 교제는 누구와도 할 수 있습니다. 그러나 결혼은 한 몸, 하나의 가치관과 세계관과 신앙관으로 살아가야 하기에 반드시 물은 물과, 기름은 기름과 만나야 합니다. 토끼는 토끼끼리, 늑대는 늑대끼리, 기독교인은 기독교인끼리, 불신자는 불신자들끼리 만나야 비교적 한 몸, 한 방향으로 원만하게 살아갈 수 있습니다. 그렇지 않으면 오래가지 못합니다. 반드시 갈등과 고통이 따르고 인내의 시간이 끝나면 이혼할 가능성이 매우 큽니다. 기독교인은 시종일관 하나님 말씀을 따라가야 안전하고 실패하지 않습니다. 사람은 무엇이든지 결핍을 느끼면 고통을 당하고 조급증이 생깁니다. 하지만 외롭다고, 경제적으로 어렵다고 재혼을 쉽게 해버리면 큰일 납니다. 재혼(再婚) 또한 매우 신중하고 진지하게 접근해야 합니다. 50 혹은 60이 넘은 시점에서의 재혼은 하나의 모험이자 도박이기도 합니다.

그래서 철저하고 신중하게 해야 합니다. 또다시 이혼할 수 없기 때문입니다. 서로 만날 때 맛집, 관광지, 유명한 커피숍, 모텔만 찾아갈 것이 아니라, 남은 인생을 어떻게 살 생각인지, 남은 인생에 대한 청사진은 있는지, 노후 살이 계획은 구체적으로 세웠는지 등을 확인해야 합니다. 초혼 때와 같은 마음과 자세로 배우자를 찾아야 합니다. 남은 인생, 노후 생활에 대하여 아무런 구체적인 계획이 없다면 재고해야 합니다. 그냥, 놀러 다니고, 맛집 다니고, 여행 다니고, 손잡고 다니고 하는 것은 덧없는 노후 재혼이 됩니다. 어느 때보다도 소중한 노후는 화살처럼 휙 지나갑니다. 알차고 의미 있게 보내야 합니다. 이성이 없는 짐승들처럼 자고 일어나서 '오늘은 어디 가서 어떻게 즐겁게 살까?' 하면서 그냥 잘 먹고, 잘 놀고, 잘 자고, 잘 즐기는 것으로는 충분하지 않습니다. 무의하고 허무합니다. 다시 돌아올 수 없는 인생이기에 짐승들과는 다르게 살아야 합니다. 특히 기독교인은 더욱 그렇습니다. 하나님께서 창조하신 목적, 존재의 목적, 구원에의 부르신 목적에 맞게 살아가야 합니다. 그냥 '재밌게 노세! 노세!'로 가면 헛되고 헛된 인생이 됩니다. 후회하는 노후가 됩니다. 부끄러운 노후가 됩니다. 이생을 되돌아보았을 때 뿌듯하고 보람이 있어야 합니다.

재혼은 초혼과 달리 복잡한 관계가 기다리고 있습니다. 숨은 변수가 많습니다. 재혼 과정에서 자녀들이 큰 상처를 받을 수 있습니다. 양쪽이나 한쪽 자녀들이 부모의 재혼을 반대하거나 불편할 수 있습니다. 그러면 자녀와의 관계에 이상이 생깁니다. 그런 경우 서두르지 말아야 합니다. 그렇지 않으면 후유증이 남게 됩니다. 재혼이혼으로 갈 공산이 큽니다. 자녀들이 즐거이 지지하고 허락할 때 재혼을 해야 합니다. 충분한 시간과 검증을 통해서 결정해야 합니다. 적어도 1년 이상은 검증해야 합니다. 재혼 이후에도 양가 자녀들과 생활 등의 문제로 아주 복잡한 일들이 돌발적으로 발생할 수 있습니다. 재혼 이후 양가나 양가 자녀들의 화합도 만만치 않습니다. 그래서 재혼은 단순하지 않습니다.

사별했거나 이혼한 자중에는 재혼하는 자들이 많습니다. 특별한 개인 사정(심각한 지병과 특별한 사명)이 있지 않은 이상 재혼을 고려하는 것이 지혜입니다. 60대 이상이 되면 혼자 사는 것이 매우 외롭고, 몸이 자꾸 아프고, 주변 사람과의 만남도 뜸해지기 때문입니다. 집에 머물러 있는 시간이 많아집니다. 그리 행복하지가 않습니다. 누군가의 도움을 받을 일들이 많아집니다. 그러기에 서로 말벗이 되고 돕고, 고락을 나누고, 긴긴 세월 외롭지 않게 함께 살 배우자가 절실하게 요구됩니다. 그러나 재혼도 질서가 있습니다. 이는 마치 어느 기관에 들어갈 수 있는 자가 있고 들어갈 수 없는 자가 있는 것과 같은 것입니다. 자동차가 달릴 수 있을 때가 있고 멈추어야 할 때가 있는 것과 같습니다(고전 7:39; 15; 마 19:9). 성경은 재혼할 수 있는 경우(자격+대상)를 세 가지로 제한합니다. 그것은 **부부가 사별한 경우**와 **배우자가 불륜으로 이혼한 경우**와 **신앙 고수 때문에 이혼(버림)을 당한 경우**입니다. 여기에 재혼의 대상으로 하나가 더 추가되는데 '**미혼자**'가 포함됩니다. 물론 세상과 세상 사람들은 자유롭게 재혼합니다. 하나님의 법이 아닌 세상 법은 재혼에 대한 기준이나 규제가 없습니다. 기혼자만 아니면 다 가능합니다.

그러나 신앙 유·무를 떠나서 본래의 결혼, 이혼, 재혼의 질서와 규범을 어기면 좋은 결과는 얻지 못합니다. 교통법규를 위반하면서 차를 몰면 신나겠지만 교통사고를 당할 확률이 높은 것처럼, 하나님이 정하신 재혼 기준을 어기고 자기 마음대로 재혼하면 심각한 후유증과 부작용이 발생합니다. 그런즉 하나님께서 정하신 기준에 맞게 행동하는 것이 지혜이자 안전합니다. 아무리 배가 고파도 아무것이나 먹지 않는 것이 안전한 것과 같습니다. 재혼이 항상 능사는 아닙니다. 더 큰 불행을 가져올 수도 있습니다. 재혼은 초혼보다 더 복잡 다사하기 때문입니다. 특히 중장년 재혼은 매우 신중하고 조심해야 합니다. 한번 삐끗하면 패자 부활의 기회마저 주어지지 않기 때문입니다. 중장년층이 재혼하려는 이유는 여러 가지입니다.

가장 큰 사유는 외로움입니다. 사람이 나이 들어 혼자 산다는 것은 외롭고 적적합니다. 그러다 보니 배우자를 찾게 됩니다. 그러나 초혼도 아닌 재혼이기에 비교적 믿을 만하고 좋은 배우자의 만남은 초혼 때보다 더욱 어렵습니다. 그래서 조급하게 서두르지 말고 1년 정도는 만나면서 검증하는 시간을 가져야 합니다. 혹 누군가를 만났을 때, 만나고 있을 때, 좋아하는 감정이 들었다고 해도 두 가지는 조심해야 합니다. 결혼하기 전까지는 결코 동거나 섹스는 금해야 합니다. 결혼하지 않은 상태에서의 동거나 섹스는 무책임하고, 상처받고, 이용당할 수 있기 때문입니다. 성경은 죄악인 간음으로 간주합니다. 남녀 모두 꽃뱀, 불순한 자가 있을 수도 있습니다.

실제 그런 피해자들이 종종 발생합니다. 혼자 오랜 세월을 살다 보면 성적인 욕망이 강할 수 있습니다. 그런 상태에서 이성을 만나고 좋은 감정이 싹트면 사람이란 성적 교감을 하고 싶어집니다. 이는 본능입니다. 이때가 가장 위험하고 취약한 상태입니다. 그래서 실수하고 허물어집니다. 사람이란 누군가를 좋아하게 되면 방어심리가 약화됩니다. 절제력도 약화됩니다. 그래서 쉽게 동거하고 잠자리를 하게 됩니다. 사람이란 화장실에 들어갈 때와 나올 때가 달라집니다. 믿을 수 없는 것이 사람입니다. 그러므로 1년 정도 사귀면서 성적 욕망도 참아야 합니다. 상대방이 아무리 달콤하게 유혹하고 매달려도 섹스만큼은 거부해야 합니다. 그 정도도 참지 못하는 사람은 배우자로 적합하지 않습니다. 이런 사실을 깊이 명심해야 후회하지 않게 됩니다.

또 하나는 돈을 요구하는 자가 있습니다. 돈을 목적으로 접근하는 자입니다. 서로 알아 가기도 전에 돈을 요구하기도 합니다. 어느 정도 사귀면 이런저런 핑계와 말로 몇십만 원, 몇백만 원, 몇천만 원 등이 필요하다고 합니다. 이유를 불문하고 모두 거절하고 이런 사람과는 관계를 단절하는 것이 안전합니다. 정상적이고 안전한 사람 같으면 결코 돈 요구를 하지 못합니다. 결혼도 하지 않은 상태에서 돈 요구를 하는 것은 있을 수 없습니다. 믿을 수 없는 사람입니다. 이때 감정에 끌려 우유부단하고 망설이면 나중에 반드시 후회합니다. 이런 관계에서도 상대방에게 돈을 요구하는 것은 불순한 사람이라고 판단해도 과언이 아닙니다.

그러니 즉시 정리하는 것이 안전합니다. 사귀다가 동거, 섹스, 돈 요구, 무리한 스킨십, 폭언과 폭력을 행사하는 경우 단호하게 정리해야 합니다. 깊이 고민하고 생각할 것이 없습니다. 그래야 안전합니다. 피눈물을 흘리지 않습니다. 재혼은 충분한 교제를 통해서 믿을 만한 사람이 나타나기 전까지는 서두르지 말아야 안전합니다. 불순한 의도로 위장 접근하는 자들도 조심해야 합니다. 특히 위장 재혼을 조심해야 합니다. 불순한 여러 의도로 그리하는 자들이 있습니다. 그러니 철저하게 검증해야 합니다. 기본적이고 객관적인 자료를 확인해야 합니다. 상대방 말만 믿고 행하는 사람은 바보입니다. 상대방의 지나친 친절과 달콤한 속삭임에 쉽게 넘어가지 말아야 합니다. 우리나라는 거짓말 공화국입니다. 거짓말 선수들이 도처에 있습니다. 재혼과 관련된 성경 말씀은 다음과 같습니다.

마태복음 19장 9절

"내가 너희에게 말하노니 누구든지 음행(불륜, 不貞, unfaithfulness)한 연고 외에 아내를 내어 버리고(유기하고) 다른 데 장가드는 자는 간음(간통, adultery)함이니라"(부부 양자 해당)

마태복음 5장 32절

"나는 너희에게 이르노니 누구든지 음행(불륜, 不貞, unfaithfulness)한 연고 없이 아내를 버리면(유기) 이는 저로 간음하게 함이요 또 누구든지 버린 여자에게 장가드는 자도 간음(간통, adultery)함이니라"(부부 양자 해당)

고린도전서 7장 15절

"혹 믿지 아니하는 자가 갈리거든(이혼을 원하거든) 갈리게 하라 형제나 자매나 이런 일에 구속 받을 것이 없느니라 그러나 하나님은 화평 중에서 너희를 부르셨느니라"(불신 배우자가 신앙 포기 요구 시)

고린도전서 7장 39절

"아내가 그 남편이 살 동안에 매여 있다가 남편이 죽으면 자유하여 자기 뜻대로 시집갈 것이나 주 안에서만 할 것이니라"(부부 양자에 해당)

〈성경이 허락하는 재혼 대상자〉

1. 미혼 기독교인

2. 사별한 기독교인

3. 건전한 기독교인

4. 이성 기독교인

5. 배우자의 간음(간통, 불륜)으로 이혼한 기독교인

6. 배우자의 기독교 신앙 포기 요구로 이혼한 기독교인

7. 비슷한 신앙고백을 하는 기독교인(1에서 6에 해당 안에서)

8. 근친이 아닌 자(8촌 이내가 아닌 자, 민법)

〈성경이 금하는 재혼 대상자〉

1. 동성애자(동성)

2. 배우자의 간음(불륜)이 아닌 여러 이유로 이혼한 남녀

3. 불신자(우상 숭배자, 기독교 거부자 등)

4. 이단자

5. 중혼자

6. 무교자

7. 근친(8촌 이내, 민법)

재혼한 자는 초혼 때보다 더 신중하고 조심스럽게 언행을 해야 합니다. 새로운 가족 구성원들이 예민하게 반응할 수 있기 때문입니다. 이혼하여 재혼한 자들은 전 배우자와 만나지 않는 것이 지혜이자 안전합니다. 그래야 현 배우자에 대한 기본 예의이자 괜한 오해와 의심을 예방할 수 있습니다. 재혼에 대한 체크는 다른 변수가 많이 기다리고 있기에 초혼 때보다 더욱 깊고 넓게 검증해야 합니다. 아래의 자세한 내용을 상호 검증하면서 자신과 맞는 짝인지 확인하는 시간이어야 합니다.

1. 기본적으로 재혼을 어찌 생각합니까?

1) 가능하다고 본다. 2) 불가능하다고 본다. 3) 모르겠다.

2. 재혼할 생각이 있습니까?

1) 있다. 2) 없다. 3) 하나님 주권에 맡기겠다.

3. 재혼하게 되면 무엇이 가장 큰 문제라고 생각합니까?

1) 자녀 2) 돈 3) 건강 4) 관계성 5) 양가 어른

4. 자녀가 재혼을 반대하면 어찌할 생각입니까?

1) 안 한다. 2) 한다. 3) 보류한다. 4) 자녀들이 변할 때까지 기다린다.

5. 재혼한 경우 향후 재산 분할의 문제는 어찌합니까?

1) 생전에 정리한다. 2) 자녀들과 의논한다. 3) 유언으로 남긴다.

6. 재혼하면 혼인 신고를 할 생각입니까?

1) 즉시 하겠다. 2) 안 하겠다. 3) 어느 정도 시간이 흐른 뒤에 하겠다.

7. 재혼하면 혼인 신고는 안 하고 동거만 할 생각입니까?

1) 그렇다. 2) 아니다. 3) 상대방과 의논해 보겠다.

8. 사별한 후 재혼을 하면 전 배우자에 대한 추모식은 어찌합니까?

1) 배우자 몰래 한다. 2) 배우자에게 양해를 구한다. 3) 하지 않는다.

4) 자녀들만 한다. 5) 잘 모르겠다.

9. 재혼하면 전 배우자가 사용한 그릇, 침구, 가전 기구 등은 어찌합니까?

1) 그대로 쓴다. 2) 배우자와 의논한다. 3) 교체한다.

10. 재혼하면 전 배우자와 살던 집은 어찌합니까?

1) 그대로 사용한다. 2) 배우자와 의논한다. 3) 이사 간다.

11. 재혼하면 전 배우자의 사진들은 어찌합니까?

1) 치운다. 2) 그대로 둔다. 3) 배우자나 자녀들과 상의한다.

12. 재혼하면 새 부모에 대한 호칭은 어찌합니까?

1) 자녀들이 원하는 대로 하게 한다. 2) 부모라고 부르게 한다.

3) 시간을 두고 지켜본다. 4) 자녀들과 의논한다.

13. 재혼한 이후 전 배우자와의 만남은 어찌합니까?

1) 계속 만난다. 2) 만나지 않고 연락하지 않는다(단, 자녀 문제로만 연락한다. 이 또한 현 배우자에게 이야기하여 오해를 예방한다).

14. 재혼하면 가정 재정 관리는 누가 합니까?

1) 남편이 한다. 2) 아내가 한다. 3) 배우자와 의논한다. 4) 각자가 한다.

15. 재혼하면 전 배우자 기일과 명절 때 묘소(산소, 추모공원)에 가는 것을 어찌합니까?

1) 하던 대로 한다. 2) 가지 않는다. 3) 배우자와 의논한다.

4) 각자 알아서 한다. 5) 자녀들과 의논한다.

16. 재혼을 하면 자녀들과의 동거는 어찌합니까?

1) 함께 산다. 2) 따로 산다. 3) 의논한다. 4) 각자가 자유롭게 선택한다.

17. 재혼하면 자녀 출산은 어찌합니까?

1) 출산한다. 2) 출산하지 않는다. 3) 배우자와 의논한다.

18. 재혼에 대한 성경의 기준과 조건에 해당하지 않으면 어쩔 생각입니까?

1) 재혼하지 않겠다. 2) 그래도 재혼하겠다.

19. 왜 재혼하려고 합니까?

1) 외로워서 2) 혼자 살기에 자신이 없어서 3) 경제적인 문제로

4) 자녀 교육 문제로 5) 성적 욕망 때문에

6) 합당한 재혼 대상으로 온전한 가정을 이루고 살고 싶어서

7) 말벗이 필요해서 8) 돕는 배필이 필요해서

20. 당신은 사별, 이혼, 미혼 중 어느 것에 해당합니까?

1) 사별 2) 이혼(배우자 불륜에 따른)

3) 이혼(불륜이 아닌 다양한 이유로) 4) 미혼

21. 당신은 현재 건강합니까?

1) 그렇다. 2) 불편하다. 3) 반반이다. 4) 부분 치료 중이다.

22. 당신은 치명적인 질병이 있습니까?

1) 없다. 2) 있다. 3) 있다면 무엇입니까?(   )

23. 혹 지병에 대한 가족력이 있습니까?

1) 있다. 2) 없다. 3) 모르겠다.

24. 자신의 장점 두 가지만 쓰세요.

(   )

25. 자신의 단점 두 가지만 쓰세요.

(   )

26. 어떤 스타일의 배우자를 찾습니까?

1) 정직하고 성실하고 믿음이 좋은 자 2) 외모가 출중한 자 3) 부자

4) 재미가 있는 자 5) 마음과 몸이 건강한 자 6) 다정다감하고 따뜻한 자

7) 조건이 좋은 자 8) 대화와 가치관이 잘 맞는 자 9) 순수한 자

10) 기본과 상식을 갖춘 자

27. 당신이 가장 염려하고 두려워하는 것은 무엇입니까?

1) 죽음 2) 질병 3) 사고 4) 돈 5) 의식주 6) 노후 생활

7) 자녀 8) 인간관계

28. 배우자가 어떤 언행을 할 때 가장 속상합니까?

(   )

29. 배우자에게 원하는 것은 무엇입니까?

(   )

30. 부모님은 어떤 분이셨나요?

1) 좋은 분 2) 고약한 분 3) 그저 그러신 분 4) 존경받는 분

5) 남에게 피해를 주지 않은 분 6) 정직하신 분 7) 신앙생활을 잘 하셨던 분

8) 준법을 잘 하셨던 분 9) 이웃을 사랑하셨던 분

10) 물질을 잘 나누셨던 분 11) 폭력자 12) 중독자 13) 불성실한 자

14) 가정을 잘 돌보지 않은 자 15) 배우자를 사랑하지 않은 자

16) 불성실한 자 17) 술과 담배를 하신 분

31. 재혼에 합당한 성경의 기준을 아십니까?

1) 안다. 2) 모른다. 3) 정확히 모른다.

32. 재혼의 합당한 성경의 기준을 아신다면 기술하세요.

(   )

33. 전에 배우자와 어떤 이유로 이혼하셨나요?

1) 불륜 2) 폭력 3) 신앙포기 협박과 압력 4) 성적 차이 5) 성격 차이

6) 재정문제 7) 불성실 8) 각종 중독 9) 시부모와의 불화 10) 대화 불통

11) 술 12) 기타

34. 재혼 대상에 대하여 무엇을 가장 우선순위로 보나요?

1) 돈 2) 됨됨이 3) 성실성 4) 책임성 5) 외모와 조건 6) 자녀 수

7) 건강 상태 8) 직장 유무 9) 신앙 10) 대호와 소통

11) 배우자에 대한 이해와 존중과 배려 12) 자가 13) 연봉 14) 직업

35. 재혼하면 성경이 제시한 부부의 질서를 따르겠습니까?

1) 따르겠다. 2) 따르지 않겠다.

36. 습관적으로 거짓말을 한다. 안 한다.

37. 사치벽이 있다. 없다.

38. 배우자에 대하여 의심한다. 안 한다.

39. 양다리를 걸친다. 안 걸친다.

40. 돈에 집착한다. 안 한다.

41. 타성에 젖어 산다. 안 산다.

42. 바람기가 있다. 없다.

43. 유머가 있다. 없다.

44. 언행이 일치한다. 아니다.

45. 정의롭다. 아니다.

46. 매사에 예의 바르다. 아니다.

47. 자기관리를 잘한다. 아니다.

48. 종종 농담과 장난을 한다. 아니다.

49. 나이를 중요시한다. 안 한다.

50. 경제력을 매우 중요시한다. 안 한다.

51. 외모를 매우 따진다. 안 따진다.

52. 성생활을 중요시 생각한다. 안 한다.

53. 이상형이 나타나면 적극적으로 대시한다. 안 한다.

54. 사회적 지위를 따진다. 아니다.

55. 소소한 것을 잘 챙겨 준다. 아니다.

56. 마음에 들면 적극적이다. 아니다.

57. 허세가 있다. 없다.

58. 주관이 뚜렷하다. 아니다.

59. 다른 사람의 허물을 말한다. 안 한다.

60. 다정다감하고 따뜻하다. 아니다.

61. 스킨십을 잘한다. 아니다.

62. 표현을 잘한다. 아니다.

63. 주관적인 고집이 세다. 아니다.

64. 타당하고 옳은 주장에 잘 따른다. 아니다.

65. 억지를 부린다. 아니다.

66. 헌법과 법률과 진리를 잘 따른다. 아니다.

67. 세상 방식을 따른다. 아니다.

68. 공감 능력이 있다. 없다.

69. 맹신과 맹종을 잘한다. 아니다.

70. 항상 정의와 진리 편에 선다. 아니다.

71. 자기주장만 한다. 아니다.

72. 말이 많다. 아니다.

73. 항상 자기만 옳다고 한다. 아니다.

74. 주거니 받거니 대화와 소통을 잘한다. 아니다.

75. 상대방을 존중하고 배려한다. 아니다.

76. 각 사람의 수준과 역량을 이해하고 존중한다. 아니다.

77. 다름을 존중하고 인정한다. 아니다.

78. 틀린 것과 다른 것을 명확하게 구분한다. 아니다.

79. 공사를 구분한다. 아니다.

80. 이기적인 사람이다. 아니다.

81. 이웃에게 기부와 사랑을 나누고 살아왔다. 아니다.

82. 고의로 이웃에게 피해를 준 적이 있다. 없다.

83. 부모 공경을 잘한다. 아니다.

84. 준법을 잘한다. 아니다.

85. 하나님 말씀이면 순종한다. 아니다.

86. 역사적인 바른 신앙고백 안에 있다. 아니다.

87. 내 신앙은 자유주의이다. 아니다.

88. 내 신앙은 혼합주의이다. 아니다.

89. 의식주로 종종 걱정한다. 아니다.

90. 노후 생활을 걱정한다. 아니다.

91. 범사에 감사하고 기뻐한다. 아니다.

92. 항상 낙원(천국)에 갈 마음으로 산다. 아니다.

93. 사람과 질병과 죽음을 두려워한다. 안 한다.

94. 쓰면 뱉고 달면 삼킨다. 아니다.

95. 사람을 조건적으로 대한다. 아니다.

96. 감정 기복이 심하다. 아니다.

97. 갈등 해결을 대화로 한다. 아니다.

98. 범사에 게으르다. 아니다.

99. 절제된 생활을 잘한다. 아니다.

100. 흥분을 잘한다. 아니다.

101. 매사에 성실하고 정직하다. 아니다.

102. 신앙과 행위와 삶의 기준이 성경이다. 아니다.

103. 모든 일을 자기 방식대로 한다. 아니다.

104. 자존감이 강하다. 약하다.

105. 약속을 잘 지킨다. 아니다.

106. 술과 담배를 한다. 전혀 안 한다.

107. 세속적인 욕심(탐심)이 있다. 없다.

108. 반드시 좋은 집에서 살고 싶다. 아니다.

109. 휴대폰에 매여 산다. 아니다.

110. 운동을 좋아한다. 아니다.

111. 먹는 것을 좋아한다. 아니다.

112. 책을 좋아한다. 아니다.

113. 여행을 좋아한다. 아니다.

114. 드라마를 좋아한다. 아니다.

115. 영화를 좋아한다. 아니다.

116. 기회가 되는 대로 전도한다. 안 한다.

117. 매일 성경을 읽는다. 아니다.

118. 매일 혹은 순간순간 기도를 한다. 안 한다.

119. 매 순간 성경 말씀대로 순종하려고 애쓴다. 아니다.

120. 구원의 하나님 한 분으로 기뻐한다. 안 한다.

121. 타이밍에 맞게 칭찬을 한다. 안 한다.

122. 너무 말이 없고 과묵하다. 아니다.

123. 외로움을 자주 느낀다. 아니다.

124. 성격이 무난하다. 아니다.

125. 기본 인성을 갖추고 있다. 아니다.

126. 기본 상식이 있다. 없다.

127. 배우자의 희생을 당연하게 생각한다. 아니다.

128. 소비 습관이 불규칙하다. 아니다.

129. 자기 형편에 맞게 산다. 아니다.

130. 부족과 가난을 부끄러워한다. 아니다.

131. 어떤 유튜브를 주로 보는가? 보수(극우) 혹은 진보(좌파)

132. 이상형이 어떤가?

133. 결혼하면 가장 먼저 하고 싶은 것이 무엇인가?

134. 배우자가 어떻게 해 주기를 바라는가?

135. 어떻게 살아왔는가?(힘들게, 편하게, 여유롭게, 치열하게 등)

136. 무엇을 할 때 가장 기쁜가?

137. 인간관계 시 중요시 여기는 것은?

138. 현재 고민이 있는가?(고치고 싶은 것, 해결하고 싶은 것 등)

139. 자신의 성격은 어떤가?(장단점)

140. 인생 목표가 있는가?

141. 자식들에게 남기고 싶은 말이 있는가?

142. 성공한 삶이란 무엇이라고 생각하는가?

143. 노후를 어떻게 보낼 생각인가?(노후계획과 삶)

144. 취미와 특기는 무엇인가?

145. 건강관리를 어떻게 하고 있는가?(건강한가?)

146. 하루 일과는 어찌 보내는가?

147. 몇 시에 기상하는가?

148. 몇 시에 취침하는가?

149. 죽기 전에 하고 싶은 것

150. 죽기 전에 가고 싶은 곳

151. 죽기 전에 먹고 싶은 것.

152. 어떤 음악을 좋아하는가?

153. 어떤 운동을 좋아하는가?

154. 어떤 음식을 좋아하는가?

155. 어떤 스타일의 이성을 좋아하는가?

156. 어떤 정치인을 좋아하는가?

157. 어떤 계절을 좋아하는가?

158. 어떤 종교를 신봉하는가?

159. 인간관계를 잘 맺는가, 아닌가?

160. 자기가 하고 있는 일에 만족하는가, 아닌가?

161. 가장 슬픈 기억이 있는가? 없는가?

162. 깊은 상처나 트라우마(충격)가 있다. 없다.

163. 쉽게 토라진다. 아니다.

164. 다툼 후 화해를 잘한다. 아니다.

165. 부부 안에서 성교는 제한과 시한이 있다. 없다.

166. 폭언과 폭력이 있다. 없다.

167. 장점만 보고 결혼한다. 아니다.

168. 질서와 차별을 잘 이해한다. 못한다.

169. 배우자에게 기분이 상하면 며칠이고 말을 안 한다. 한다.

170. 결혼 전이나 결혼 후 순결은 필수다. 아니다.

171. 경제 문제, 성격 차이로 이혼이 가능하다. 아니다.

172. 재혼은 자기 마음대로 할 수 있다. 없다.

173. 이혼은 언제든지 가능하다. 아니다.

174. 상대방의 인격을 존중한다. 무시한다.

175. 참을성이 있다. 없다.

176. 별거는 가능하다. 아니다.

177. 희생과 양보를 잘한다. 아니다.

178. 부부의 역할과 질서를 존중한다. 아니다.

179. 이해력이 좋다. 아니다.

180. 배우자가 용서를 구하면 무엇이든지 용서가 가능하다. 아니다.

181. 부부 성교는 자기가 원할 때만 한다. 안 한다.

182. 부부 성교는 규칙적이고 정기적으로 한다. 안 한다.

183. 배우자 자녀들을 차별한다. 안 한다.

184. 배우자 자녀들에게 무리한 요구를 한다. 안 한다.

185. 배우자의 고착된 성격과 습성을 바꾸려고 한다. 아니다.

186. 배우자와 갈등 시 즉시 푼다. 아니다.

187. 결혼하면 누구보다도 배우자가 우선이다. 아니다.

188. 빚(채무)이 조금이라도 있다. 없다.

189. 어떤 중독이 있다. 없다.

190. 정신 이상이 있다. 없다.

191. 이단과 상관이 있다. 없다.

192. 가사 일을 잘 돕는다. 아니다.

193. 외식을 좋아한다. 아니다.

194. 책임과 의무를 다한다. 아니다.

195. 정기적으로 외박과 외출을 원한다. 아니다.

196. 리액션(반응)이 좋다. 없다.

197. 우울증이 있다. 없다.

198. 쉽게 상처를 받는다. 아니다.

199. 정신력이 강하다. 약하다.

200. 정리정돈을 잘하고 산다. 아니다.

201. 생활력이 강하다. 아니다.

202. 문제 해결능력이 강하다. 아니다.

203. 타당한 경제 관념을 가지고 있다. 아니다.

204. 허영심과 사치가 심하다. 아니다.

205. 뛰어난 생존력이 있다. 없다.

206. 토라지면 며칠이든지 간다. 아니다.

207. 성실하고 책임감이 강하다. 아니다.

208. 항상 무조건 보수(우파)를 지지한다. 아니다.

209. 항상 무조건 진보(좌파)를 지지한다. 아니다.

210. 정당, 정치인, 이념을 떠나 항상 진리 편이다. 아니다.

211. 각방 쓰는 것을 지지한다. 아니다.

212. 별거를 지지한다. 아니다.

213. 기러기 부부를 지지한다. 아니다.

제5부

종합적이고 최종적인 궁합 검증 예비고사 (50가지)

이성에 대한 종합적이고 최종적인 검증은 '궁합'을 검증하는 것입니다. 다른 것이 아무리 좋아도 서로가 '궁합'이 잘 맞지 않으면 하나가 될 수 없습니다. 한 가지 궁합이 맞는다고 해서 부부가 될 수 없습니다. 오장육부가 어느 정도 궁합이 맞아야 건강한 사람이라고 할 수 있습니다. 궁합이라고 하면 사람들이 연상하는 것이 있습니다. 성교 궁합만을 떠올립니다. 그것은 수십 수백 가지 궁합 중 하나에 불과합니다. 여기서 궁합이란 전체적인 궁합을 말합니다. **궁합(宮合)**이란 '이런저런 필수적인 것에 대하여 부부로서 좋고 나쁨, 맞고 안 맞는 것을 알아보는 점'을 뜻합니다. 자동차는 수많은 부품이 전체적으로 어느 정도 맞아야 굴러갑니다. 몇 가지만 맞아서는 매우 부족합니다. 서로 맞지 않아도 어떻게든 돌아가기는 하겠지만 제대로 돌아가지 못할 것이며, 이내 곧 고장이 나고 말 것입니다.

옷이나 신발도 신체 사이즈에 잘 맞아야 어울리고 멋있습니다. 신체 사이즈에 맞지 않아도 입고 다닐 수 있지만 도리어 거추장스럽게 될 것입니다. 그러니까 볼트와 나사도 궁합이 맞아야 하고, 옷이나 신발도 사람의 신체 사이즈와 궁합이 잘 맞아야 합니다. 아무리 좋은 신발과 옷과 물건이라도 궁합이 맞지 않으면 무용지물입니다. 도리어 부작용만 나타납니다. 남녀는 여러 면에서 궁합이 잘 맞아야 합니다. 궁합이 잘 맞는 부부가 환상적인 부부, 이혼하지 않는 부부, 행복한 부부가 됩니다. 돈이 아무리 많아도, 얼굴이 아무리 잘 생기고 예뻐도 중요한 요소에서 서로 궁합이 맞지 않으면 불행한 부부가 됩니다. 오래가지 못합니다. 그래서 부부는 궁합이 최고입니다. 핵심적인 궁합 내용은 다음과 같습니다.

(1) 지적궁합(知的宮合)

부부는 모든 면에서 수준이 맞아야 좋은 관계를 유지할 수 있는데 이것이 지적궁합입니다. 나는 지금 만나고 있는 사람과 이런저런 것에 대한 지적궁합이 잘 맞는지, 맞지 않는지를 검증해야 합니다. 서로가 다방면에 대화를 나눌 때 그에 따른 분명한 지식이나 정보를 어느 정도 알고 있어야 소통이 잘 되는 부부가 됩니다. 대화는 서로 주거니 받거니 하면서 통해야 합니다. 다방면에 대한 지식이 있으면 지적궁합이 잘 맞는 사람입니다. 지식이 부족하거나 책을 읽지 않아 지적궁합이 맞지 않으면 답답합니다.

(2) 감정궁합

사람은 감정궁합도 잘 맞아야 합니다. 기쁠 때나 슬플 때, 좋을 때나 나쁠 때, 고민이 있을 때나 걱정되는 일이 있을 때 자기감정을 배우자에게 솔직하게 표현하고 나눌 수 있어야 합니다. 배우자의 감정에 무감각하면 외롭고 서운하게 됩니다. 부부는 한 몸이기 때문에 감정을 함께 나누어야 합니다. 서로 눈치를 보지 말아야 합니다. 이래도 침묵 저래도 침묵, 이래도 무반응 저래도 무반응, 이래도 감추고 저래도 감추는 사람이라면 궁합이 안 맞는 사람입니다. 부부는 서로의 감정을 살피고, 배려하고, 공감하여 위로하고, 격려하고 문제를 해결하는 데 최선을 다해야 합니다. 상대방의 감정을 무시하지 말아야 합니다.

(3) 정서궁합

정서(情緒)란 '마음속에 일어나는 온갖 감정 또는 그러한 감정을 일으키는 기분이나 분위기'를 말합니다. 다양한 감정, 생각, 행동과 관련된 정신적, 생리적 상태입니다. 정서는 주관적 경험으로 대개 기분, 기질, 성격 등과 관련이 있습니다. 넓은 의미의 감정 가운데서도 급격히 생기는 일시적인 노여움·두려움·기쁨·슬픔·놀람 등으로 정의하기도 합니다. 부부는 배우자의 정서에 민감하고 공감하는 것이 있어야 합니다. 그래야 함께 기분을 나눌 수 있습니다. 이것이 없으면 한 몸이 아닌 상태로 살게 됩니다. 서로가 겉돌게 됩니다.

(4) 섹스궁합

부부에게 있어서 섹스는 선택이 아닌 필수입니다. 섹스는 인간의 기본욕구 중 하나로 식욕, 수면욕과 같은 것입니다. 인간의 기본욕구는 죽어야 사라집니다. 부부는 마음만 맞아서는 반쪽이고 성교도 맞아야 합니다. 결혼 전에 섹스를 해서는 안 되지만 결혼 이후에는 섹스에 대한 서로의 생각이 잘 맞아야 합니다. 섹스를 어떻게 생각하고 있는지, 정기적인 섹스를 당연하게 여기는지, 죽기 전까지 섹스를 생각하는지 등을 검증해야 합니다. 어떤 사람은 섹스를 부끄러운 것, 부정적으로 생각합니다. 나이를 먹으면 하지 않는 것으로 생각합니다. 인간의 기본욕구는 나이와 상관

없습니다. 꼭 섹스를 해야만 하느냐고 반문합니다. 어떤 부부는 결혼해서도 섹스리스(월 1회 섹스 부부)로 살아갑니다. 섹스는 부부의 건강, 신체의 건강, 부부의 친밀도와 활력소, 삶의 자신감 등에 상당한 영향을 미칩니다. 섹스가 없는 부부생활은 공허합니다. 섹스 욕구는 인간의 본능으로 바늘과 실처럼 불가분의 관계입니다. 식욕과 수면욕과 섹스 욕구는 건전하고 아름다운 것으로, 살아 있는 한 지속해야 정상입니다.

(5) 대화궁합

부부에게 있어서 중요한 것 중의 하나는 대화입니다. 부부 대화는 호흡과 같습니다. 강물이 졸졸 흐르듯 배우자와 대화가 자연스럽게 되지 않으면 부부의 삶이 건조합니다. 답답해집니다. 기쁘지 않습니다. 대화를 사람의 몸으로 비유하자면 혈액순환과 같습니다. 우리 몸은 혈액순환이 원활하게 되지 않으면 심근경색과 동맥경화에 걸려 신체가 병들고 생명을 잃게 됩니다. 부부는 무엇보다도 대화가 잘 통해야 합니다. 말을 잘하라는 것이 아니라 이런저런 대화를 서로 주거니 받거니 잘해야 합니다. 리액션(반응)도 잘해야 합니다. 서로 고집을 부리지 않고 피차 잘 말하고 들어주는 것입니다. 자기 말만 하지 않고 상대방의 말을 잘 들어주면서 말을 하는 사람이어야 합니다. 말을 독점해서도 안 됩니다. 남편이 5분 정도 말했으면 아내에게도 5분 정도 말하게 해야 합니다. 한쪽만 일방적으로 말하는 것은 삼가야 합니다. 대화가 없는 부부는 마치 메마른 강과 같습니다. 말이 너무 많은 것도 마이너스지만 말이 너무 없는 것도 고통입니다. 이런 부부는 아무런 즐거움도 없습니다. 살아 있는 송장과 같습니다. 집안에 정적만 흐릅니다.

(6) 가치관궁합

가치관(價値觀)이란 '삶이나 세계에 대하여 옳고 그름, 좋고 나쁨 등의 가치(값)를 매기는 관점이나 기준'을 말합니다. 부부로 살려면 다양한 면에서 가치관이 맞아야 합니다. 종교, 신앙 활동, 정치, 돈벌이, 인생관, 일, 여가 등등. 사람에 따라서 가치관이 다르거나 같기도 합니다. 예를 들어, 어떤 사람은 각종 투기를 나쁘게 보지만 어떤 사람은 좋게 봅니다. 이런 차이입니다. 성경은 투기를 불로소득으로 지지하지 않습니다. 투기에 대한 가치관이 다르면 갈등은 피하지 못합니다. 피곤합니다. 스트레스를 받습니다. 그래서 다양한 영역에서 서로 가치관이 잘 맞아야 합니다.

(7) 신앙궁합

신앙, 믿음, 종교 일치는 매우 중요합니다. 기독교인이라면 인성 못지않게 신앙은 1순위 검증 대상입니다. 이 부분에서 같은 신앙고백이 없으면 어렵습니다. 인류의 유일한 구세주인 예수님을 믿는 사람은 믿지 않는 사람은 속성 자체가 물과 기름의 만남과 같습니다. 서로 하나가 될 수 없습니다. 전혀 어울리지 않습니다. 영적으로나 가치관이나 실제로 신분과 의식과 삶의 방향이 너무나도 다르기에 죽을 맛입니다. 그래서 같은 신앙과 신앙고백을 가진 사람과 결합해야 편안하고 행복합니다. 신앙 교리나 색깔이 비슷해야 합니다. 불신자나 다른 종교를 가진 자와 결혼하는 것은 성경이 금합니다. 신자는 빛의 자녀이고 불신자는 어두움의 자녀이기에 빛과 어두움이 공존한다는 것은 그 자체가 비극이고 고통입니다. 신앙의 순결성을 지키기도 어렵습니다.

그래서 종교인에게 신앙은 절대적입니다. 현세와 내세에서 영원한 생사가 걸린 문제이고, 부부와 가정의 화목이 걸려 있는 문제입니다. 신앙이 다르면 모든 영역에서 엇박자가 발생합니다. 이에 따른 고통이 있습니다. 같은 종교인이라고 해서 맞는 것은 아닙니다. 같은 기독교인이라고 해도 전혀 다른 신앙고백을 하는 자들이 적지 않습니다. 신앙과 교리가 다양하기 때문입니다. 신앙이 다르면 불협화음은 당연합니다. 교회에 다닌다고 신앙이 같은 것은 아닙니다. 같은 신앙고백을 하는 자여야 합당합니다. 일부 기독교인(개신교) 미혼자들이 맞선을 보거나 짝 프로그램에 나와서 다른 종교인이나 무교인도 상관이 없다고 하는데, 이는 성경 사상이 아닙니다. 기독교인이 아닌 자들은 서로 종교가 다르거나 무교일지라도 상관없습니다. 기독교인이 아닌 사람들은 사단의 지배를 받기 때문입니다. 오직 기독교인만은 하나님의 지배를 받기에 기독교인은 기독교인과만 결혼해야 한마음으로 살아갈 수 있습니다. 신앙궁합이 맞지 않으면 그 결혼생활은 갈등의 연속으로 가시밭길입니다.

(8) 소비궁합

소비궁합 혹은 지출궁합은 부부가 살아가는 데 있어서 가정경제에 지대한 영향을 미칩니다. 소비나 지출 습관이 맞지 않거나 건강하지 않고 검소하지 않으면 가정경제는 위기를 맞이할 수 있습니다. 부부 갈등이 됩니다. 항상 어렵게 살 수 있습니다. 자기 분수와 형편에 어울리지 않게 소비하거나, 필요한 것도 아닌데 마구 사거나, 가정 형편이 넉넉하지 않은데 과도하게 지출하는 사람은 부부로 적절하지 않습니다. 소비 습관이 상식에 반하는 사람은 피해야 합니다.

(9) 인생관궁합

　사는 목적과 목표가 다르면 한 방향을 향해 함께 사는 것이 힘듭니다. 인생관이 없거나 엉뚱한 인생관이면 함께 살기 힘듭니다. 어디서 와서 왜 살며 장차 어디로 가는지에 대하여 서로 다르면 인생의 동반자로 적절하지 않습니다. 인생관은 성경관과 밀접하게 연결되어 있습니다. 성경관에서 인생관이 나오고 결정되기 때문입니다. 진리, 성경만이 인생관을 바르게 제시해 줍니다.

(10) 세계관궁합

　세계관(世界觀)이란 '세계를 바라보는 견해나 시각'을 말합니다. 이 부분도 성경관에 따라 크게 다릅니다. 어떤 성경관을 갖고 있느냐에 따라 세계관도 확연히 다릅니다. 성경에 무지하거나 성경을 무시하는 자의 세계관은 지극히 세속적이기에 기독교인과는 맞지 않습니다. 종교에 따라서 확연히 다릅니다. 세계관이 다르면 사사건건 다투게 됩니다. 하나가 되지 못합니다. 예를 들어 음식에 관한 것입니다. 성경은 모든 채식과 육식 모두를 사람의 음식으로 주셨습니다. 그러나 채식주의자들은 다르게 말합니다. 동물 애호가들도 성경과 다르게 말합니다. 따라서 세계관도 확인해야 합니다.

(11) 결혼관궁합

　결혼을 왜 해야 하는지 정립이 되지 않은 상태로 무조건 결혼하는 사람들이 많습니다. 결혼을 앞둔 미혼자들은 결혼을 왜 해야만 하는지 결혼관이 분명해야 합니다. 그래야 분명한 결혼 목표를 가지고 결혼생활을 힘차게 해나갈 수 있습니다. 아무런 생각 없이 결혼하는 사람은 마치 지도나 나침반도 없이 사막을 여행하는 사람과 같습니다. 결혼은 하나님의 명령입니다. 기독교의 결혼관은 세 가지입니다. 사람은 혼자서는 불완전하기에 서로 돕기 위하고(상호 돕는 배필), 생육하고 번성하고(임신과 출산과 양육), 음행(간음과 간통과 불륜)을 예방하기 위함입니다. 이것 때문에 하나님께서 결혼제도를 만드신 것입니다. 결혼제도는 사람이 만든 것이 아닙니다. 따라서 하나님의 명령을 따라야 합니다. 부부는 결혼관궁합이 맞아야 한 방향으로 나아갈 수 있습니다.

(12) 부부관궁합

무엇이든지 각기 역할과 책임과 의무가 있는 것처럼, 부부도 각기 역할과 책임과 의무가 있습니다. 기본적으로 남편은 가정경제를 책임지는 자이고, 부부와 가정의 대표자이고, 아내는 남편을 돕고, 가정일을 돌보는 역할과 책임과 의무가 있습니다. 이러한 역할은 맞벌이 시대에는 어울리지 않겠지만 성경은 그렇습니다. 남편은 목숨을 다해 자기를 사랑하듯 아내를 사랑해야 하고, 아내는 남편의 뜻을 존중하며 살아야 합니다. 이런 기본적인 부부관이 맞아야 각기 역할과 책임과 의무에 충실할 수 있습니다. 이것이 맞지 않으면 부부로 살기가 어렵습니다. 오늘날 맞벌이 부부로 인하여 이런 기본 질서와 역할이 대폭 훼손되어 돌아가고 있습니다. 시대가 그렇게 되었습니다. 대세가 진리가 된 시대입니다.

(13) 경제관궁합

경제관(經濟觀)이란 돈에 대한 관점입니다. 수입과 지출에 관한 것입니다. 부부로 가정을 이루고 살기 위해서는 기본적으로 경제력이 뒷받침되어야 합니다. 필요한 의식주 해결을 위한 경제관이 뚜렷해야 합니다. 경제관이 빈약한 사람은 가정 살림과 가정경제에 무관심합니다. 불성실합니다. 그런 사람은 배우자로 적절하지 않습니다. 가정경제를 어렵게 할 가능성이 크기 때문입니다.

(14) 이해심궁합

부부로 살고, 자녀를 낳고 살 때 이해심궁합은 매우 중요합니다. 왜냐하면 부부는 서로 다른 존재와 인격체이기 때문입니다. 향후 생길 자녀들도 마찬가지입니다. 하나에서 열까지 다 다를 수 있습니다. 서로 맞지 않을 수 있습니다. 이 같은 다름을 이해하고 존중할 줄 알아야 갈등이 없습니다. 이해심이 부족하거나 빈약하면 다름 때문에 사사건건 충돌하게 됩니다. 다름은 틀림이 아닙니다. 자기와 다르다고, 자기 생각과 다르다고 지적하고 책망하고 다투면 좋은 부부생활은 어렵습니다. 부부 서로가 이해심이 많으면 다툴 것이 없어집니다. 사람은 자기 수준, 역량, 실력대로 말하고 행동하기에 이런 것을 이해하면 화목하게 지낼 수 있습니다. 부부의 각기 다름은 고칠 수 없습니다. 고치려고 해서도 안 됩니다. 다른 것은 틀린 것이 아니므로 있는 그대로 이해하고 존중하며 살아야 합니다. 이 부분을 극복하지 못하면 스트레스받다가 이혼합니다.

(15) 라이프스타일궁합

라이프스타일은 사람마다 다 다릅니다. 늦게 자는 사람, 일찍 일어나는 사람, 일찍 자는 사람, 게으른 사람, 부지런한 사람 등이 있습니다. 밥을 잘 먹는 사람, 그렇지 않은 사람이 있습니다. 몸을 잘 씻는 사람, 몸을 씻지 않는 사람 등이 있습니다. 물건을 잘 치우는 사람, 물건을 아무렇게나 놓고 사는 사람 등이 있습니다. 사람은 이런저런 생활 습관이 다른 경우가 일반적입니다. 이런 부분도 잘 확인해야 합니다. 자기와 다른 생활 스타일을 존중하지 못할 것 같으면 결혼하지 말아야 합니다.

(16) 애완견궁합

오늘날 애완견(반려견)과 함께 실내에서 생활하는 사람들이 8백만 명이 넘습니다. 너도나도 애완견을 실내에서 키우고 있습니다. 하지만 어떤 사람은 실내에서 애완견을 키우는 것을 절대로 싫어하거나 반대하는 사람이 있습니다. 부부보다, 사람보다 애완견을 더 사랑하는 사람과는 부부가 될 수 없다는 사람이 있을 수 있습니다. 실내에서 애완견을 키우면 건강도 해롭고, 시간과 에너지와 돈도 적잖게 들어갑니다. 사람에게 쏟아야 할 시간과 애정을 동물에게 쏟는 것이 됩니다. 애완견을 키우는 것도 나름 가치와 행복이 있겠지만 실내에서까지 자식처럼 키우는 것은 깊이 고민해 보아야 합니다. 그 어떤 피조물 사랑보다 항상 사람이, 배우자가 우선이어야 합니다.

(17) 음식 및 식단 궁합

사람은 눈만 뜨면 하루에 적어도 두 끼 이상은 먹습니다. 그중 집에서 한 번 정도는 먹습니다. 사람마다 음식 취향도 다릅니다. 채식만 하는 사람, 육식만 하는 사람, 인스턴트 식품만 먹는 사람, 배달 음식만 찾는 사람, 라면만 먹는 사람, 외식만 좋아하는 사람, 닭가슴살만 좋아하는 사람,

이것저것 다 먹는 사람 등이 있습니다. 이 부분도 부부는 매우 중요합니다. 서로가 잘 맞지 않으면 먹는 것 때문에 심각한 갈등이 유발될 수 있으니 확인해야 합니다.

(18) 취미궁합

부부는 평일과 주말에 행복한 시간을 함께 보내기 위해서는 가능하면 취미가 같아야 합니다. 취미가 다르면 따로 부부가 됩니다. 부부가 취미가 같으면 결혼생활이 한층 더 풍성하고, 친밀해지고, 윤택해집니다. 취미가 다르면 각자도생을 하게 되어 별로 행복하지 않고 즐겁지 않습니다. 따라서 취미가 어떠한지 확인해 보아야 합니다. 가능하면 함께할 수 있는 취미를 개발하거나 노력해야 합니다. 부부는 서로 맞추어 가는 관계입니다.

(19) 정치궁합

우리나라 사람들은 정치에 대한 관심이 많습니다. 정치궁합도 부부가 한 몸으로 사는 데 매우 중요한 요소 중의 하나입니다. 어떤 조사에선가 결혼을 앞둔 사람들의 60%가 정치궁합이 다르면 결혼하지 않겠다고 했기 때문입니다. 서로가 존중해 주지 않는 이상 정치궁합이 다르면 심각한 부부 싸움이 발생할 수 있습니다. 부부의 불행과 갈등은 엉뚱한 것으로 발생될 수 있습니다. 정치성향은 잘 바뀌지 않습니다. 이념과 정치와 정당에 대하여 무조건 맹신과 맹종하는 사람은 피해야 합니다. 특히 극우나 극좌 정치를 추구하는 자는 절대로 피해야 합니다. 대화가 통하지 않고 변하지도 않습니다. 이념, 정치, 정당, 정치는 진리가 아닙니다.

(20) 오락궁합

과거 살기가 힘든 시절과 달리 오늘날 우리나라는 살기에 좋은 환경입니다. 이에 돈과 시간과 여유가 있으면 각종 오락을 즐깁니다. 오락 성향도 사람에 따라 얼마든지 다를 수 있습니다. 부부가 즐기는 오락이 같으면 다행이지만 다를 경우 한쪽은 유쾌하지 않을 것입니다. 그런즉 이 부분도 잘 확인해야 합니다.

(21) 취침과 기상 궁합

사람의 일과 중 먹고, 자고, 일하는 것은 매일 같이 행하는 일상입니다. 이 부분에서 부부 서로에게 피해를 주지 않는 범위 내에서 때에 맞게 자고 일어나는 것은 매우 중요합니다. 어떤 사람은 코골이 소리나 접촉 등에 너무 민감해서 잠을 자지 못합니다. 그래서 따로 침대를 씁니다. 이런 것이 다르면 서로가 피곤하게 됩니다. 제대로 쉬지 못하게 됩니다. 가능하면 취침과 기상 시간이 비슷해야 서로가 좋습니다.

(22) 주일궁합

주일(主日)이란 주님을 위한 구별된 날로 오늘날 일요일에 해당합니다. 기독교인들은 일요일을 주일이라고 하며, 그날은 제일 먼저 교회에 가서 하나님께 예배를 드린 후에 다른 일을 합니다. 주일날은 사적 쾌락을 추구하지 않습니다. 봉사도 합니다. 성경 공부를 하고 성도 간에 교제도 나누는 시간입니다. 복음을 전하거나 이웃돕기를 하는 날입니다. 이는 양보할 수 없고 타협할 수 없는 기독교인의 필수신앙입니다. 이런 부분도 부부가 하나가 되어야 갈등이 없습니다. 주일을 평일처럼 가볍게 여기고 자기 쾌락을 위해서 보내려고 하면 갈등이 발생할 수 있습니다. 주일 날 낚시하러 가자고 하거나 주일날 놀러 가거나 여행을 가자고 하면 갈등은 피하지 못합니다. 그래서 주일궁합이 잘 맞아야 합니다. 그러기 위해서는 같은 신앙을 가진 자를 만나야 합니다.

(23) 운동궁합

부부가 행복하게 살기 위해서는 서로가 건강해야 합니다. 몸을 건강하게 하는 방법은 규칙적인 운동입니다. 부부가 운동을 좋아하면 금상첨화입니다. 함께 운동하면서 부부 사이가 더욱 친밀해지고 돈독해질 수 있습니다. 부부에게 큰 활력이 됩니다. 그러나 배우자가 운동을 싫어하면 따로 놀게 됩니다. 서로가 운동을 좋아해야 합니다.

(24) 우선순위궁합

결혼하게 되면 생활 양상과 순위가 확 바뀝니다. 솔로로 있을 때는 친구와 자기가 하고 싶은 것이 우선이지만, 결혼을 하게 되면 배우자와 자녀들을 먼저 생각해야 합니다. 절대적인 일이 아닌 이상 무조건 배우자와 자녀와 가정일이 우선입니다. 다른 사람이 우선이 아니라 배우자와 가족이 우선이어야 정상입니다. 결혼하였는데도 여전히 친구나 다른 사람이 우선이고, 자기가 하고 싶은 것이 우선이면 갈등은 필수입니다. 이런 사람들은 결혼을 유보해야 합니다. 결혼 전에 이런 것들이 잘 정리가 되어야 합니다.

(25) 집궁합

결혼하기 위해서는 부부가 거할 집이 있어야 합니다. 이때 돈이 넉넉하면 아무런 문제가 없는데 넉넉하지 않을 때가 문제입니다. 사회 초년생이나 새내기 직장인들은 집을 마련할 수 있는 돈이 부족합니다. 이때 두 가지 이야기가 나옵니다. 무리해서라도 대출을 받아서 좋은 아파트에서 살자는 제안과 지금은 형편이 좋지 못하니 분수와 형편에 맞는 집을 구해서 살고 차차 더 나은 집으로 이사하여 살자고 하는 경우입니다. 무리하게 대출을 받아서 집을 구하자고 하는 것은 지혜도 안전도 행복도 아닙니다. 대출이자나 원금에 대한 무거운 짐이 부부의 행복과 기쁨을 앗아 갑니다. 개인의 삶과 직장과 경제의 변수가 많기에 무거운 빚을 지고 사는 것은 모험 중의 모험입니다. 부부가 서로 사랑하고 아껴 주면 어디서 산들 아무 문제가 되지 않습니다. 무리한 삶은 반드시 무리한 대가를 치르게 됩니다. 분수나 형편에 맞지 않는 생각과 주장과 삶은 힘든 인생이 됩니다.

(26) 대출궁합

우리나라 가정들의 가계 빚은 평균 1억 전후라고 합니다. 빚은 언젠가는 갚아야 하는 채무이자 무거운 짐입니다. 빚을 지는 순간 채주의 종이 됩니다. 마음과 어깨에 묵직한 돌덩어리를 얹어 놓은 것과 같은 생활이 됩니다. 그래서 지혜로운 사람은 절대적인 상황이나 비상 상황이 아닌 이상 대출을 받지 않습니다. 좀 불편하고 어렵게 삽니다. 자기 형편과 분수에 맞게 삽니다. 그렇게 편히 사는 것이 지혜이고 백번 낫습니다. 대출을 쉽게 받는 사람은 멀리하는 것이 지혜입니다. 대출은 빚이기에 자주 받으면 습관이 되고 빚쟁이 인생이 되고 맙니다. 빚 종으로 살게 됩니다. 대출,

빚은 가능하면 피해야 합니다. 부족하고 불편하게 사는 것은 못남이나 부끄러움이 아닙니다. 분수에 맞지 않게 사는 사람이 미련한 사람입니다.

(27) 일궁합

부부가 기본적인 생활, 가정 유지, 행복한 생활을 하기 위해서는 남편은 반드시 일해야 합니다. 가정경제의 1차 책임자는 남편입니다. 이는 시대를 초월한 책임입니다. 남편은 수입이 많든 적든 일을 해서 가정을 이끌어 가야 합니다. 따라서 남편은 부지런하고 성실한 사람이어야 합니다. 정상적인 일, 알맞은 일을 좋아해야 합니다. 일하기 싫어하는 남자는 절대 사양해야 합니다. 일이란 건강하면 평생 해야 합니다. 그것이 하나님께서 원죄로 주신 형벌이자 복입니다.

(28) 가전제품 구입궁합

결혼을 하기로 한 예비부부는 가전제품을 마련합니다. 신혼 때 이런 일로 서로의 견해가 달라 티격태격합니다. 여기에서도 배우자가 지혜롭고 먼 안목이 있는지를 알 수 있습니다. 결혼 초년생들은 경제력이 충분하지 않습니다. 게다가 생활이 안정될 때까지 이사를 여러 번 합니다. 이 두 가지를 생각하여 전자 제품은 비싸지 않고 적당한 것을 마련하는 것이 지혜입니다. 그래야 지출도 아끼고 이사 다니면서 가전제품들이 망가지더라도 속상하지 않습니다. 나중에 생활이 안정되면 그때 가서 좋은 것으로 교체하면 됩니다. 이런 것에 엇박자가 나오면 피차 피곤합니다.

(29) 자동차 궁합

우리나라 사람들은 허세와 사치와 분수에 맞지 않게 생활하는 경향이 있습니다. 그러다 보니 무리하게 사는 경향이 있습니다. 건전하고 정상적인 사람이라면 자기 형편에 맞는 자동차를 굴릴 것입니다. 그렇지 않은 사람도 지나친 자동차를 굴리는 경우가 있습니다. 그런 사람은 이런저런 것에도 과잉 지출을 할 가능성이 큽니다. 한 가지의 결함은 단지 한 가지 문제로 그치지 않습니다. 오만 가지로 연결됩니다. 이런 점을 잘 확인해야 합니다. 자동차가 필수인 시대지만 자기 형편과 분수에 맞게 선택해야 합니다. 다른 사람을 의식하여 비싼 차를 사는 것은 지혜가 아닙니다. 다른 사람을 의식하며 살 이유가 하나도 없습니다. 자기 삶을 소신껏 살아야 합니다.

(30) 술과 담배 궁합

우리나라 사람들 상당수는 술과 담배를 즐기고 있습니다. 기호식품이라고까지 말합니다. 물론 정확한 지식은 아닙니다. 술을 즐겨 하는 사람들은 술을 못하면 좋지 않게 평가합니다. 이는 편견이고 술에 대한 정확한 지식이 부족하기에 그렇습니다. 술과 담배는 하루아침에 단절할 수 있는 것이 아닙니다. 중독성이 있기 때문입니다. 특히 술은 공기처럼 마시고 있습니다. 어디 가나 술잔치입니다. 술이 무엇인지, 술을 마시면 어떻게 되는지도 모르고 술에 빠져 삽니다. 술을 마시지 않는 사람을 바보 취급까지 합니다. 무시합니다. 우리가 잘 아는 것처럼 술과 담배는 세계보건기구(WHO)에서 1급 발암물질로 규정했습니다. 2백 가지 정도의 질병을 유발합니다. 담배는 그 자체가 발암물질입니다. 술 자체는 발암물질은 아니지만 술을 마시면 몸에 흡수되는 과정에서 아세트알데히드라는 발암 물질이 생겨 암에 걸리게 합니다.

술을 적게 마시든 많이 마시든 일단 술을 마시면 이마 앞쪽에 있는 '전두엽'을 손상시켜 이성과 마음의 오작동을 일으킵니다. 그래서 남녀노소를 막론하고 술을 마신 자들의 공통점은 인간 이하의 언동을 하게 됩니다. 다 이유가 있습니다. 술과 담배로 인해 알게 모르게 온갖 질병이 발생합니다. 술과 담배로 인한 부부 갈등과 불화 등 온갖 다툼과 불행한 일이 발생 합니다. 자신과 이웃을 해칩니다. 자신과 가족의 건강을 망칩니다. 몸에 백해무익한 술과 담배로 지출되는 돈도 상당합니다. 따라서 술과 담배를 하는 사람은 피하는 것이 지혜입니다. 술에 대하여 오해하는 자들이 많은데 술은 한 잔만 마셔도, 적게 마셔도 건강에 해롭습니다. 무지하면 용감하다는 말이 있는데, 술과 담배에 대해 무지한 자들이 많습니다. 진리 안에서 자유 하는 차원에서 얼마든지 먹고 피울 수 있지만, 건강과 이웃을 해치게 된다는 사실을 기억해야 합니다.

(31) 각종 중독 궁합

오늘날 각종 중독자들이 비일비재합니다. 술 중독, 담배 중독, 게임 중독, 인터넷 중독, 휴대폰 중독, 주식 중독, 운동 중독, 포르노 중독, 도박 중독, 섹스 중독, 폭언 중독, 폭력 중독 등 중독 시대에 살고 있습니다. 겉으로 보기에는 멀쩡한데 중독자로 살아가는 자들이 한둘이 아닙니다. 중독은 하나의 정신질환입니다. 정신이 정상이 아니라는 말입니다. 절제력과 의지가 박약하다는 증거입니다. 따라서 중독자와 결혼하면 불행의 시작입니다. 행복하지 못합니다. 가볍게 보아서는 안 됩니다. 중독은 거의 치료도 안 됩니다. 중독자는 멀리하는 것이 지혜이자 사는 길입니다.

(32) 정신궁합

오늘날 정신 이상자들이 많습니다. 겉으로 볼 때는 아무렇지도 않은데 정신적으로 이상이 있는 사람들이 있습니다. 어떤 사고 때문에, 질병 때문에, 마마보이나 마마걸, 트라우마(충격)와 상처 등등 이유로 다양합니다. 만나는 사람의 정신이 정상인지를 데이트 중에 깊이 살펴야 합니다. 상식과 기본 이하의 언행을 하면 정신 이상일 가능성이 있습니다. 정신 이상자도 완치가 거의 불가능합니다. 치료가 되었다고 하더라도 나중에 재발하기도 합니다. 그러니 조심해야 합니다.

(33) 투자궁합

과거와 달리 젊은이들이나 나이든 자들이나 이런저런 투자를 하며 삽니다. 주로 주식, 부동산, 금 등에 투자합니다. 투자에 따른 성패는 반반입니다. 투자에 성공만 하는 것이 아닙니다. 투자는 하나의 모험입니다. 그러므로 여유 자본으로만 투자해야 합니다. 투자하더라도 투기성 투자는 하지 말아야 합니다. 무리한 욕심은 부리지 말고 안전 투자를 해야 합니다. 만나고 있는 사람이 어떤 투자를 무슨 돈으로 하고 있는지를 확인해야 합니다. 무리하게 빚(대출, 빌려서)을 내어 투자하는 자들도 많기 때문입니다. 투기성 투자에 한번 발을 들이면 도박처럼 쉽게 빠져나오지 못합니다. 그래서 가산을 탕진합니다. 여유 자본이 아닌 빚투(대출을 받아 투자)로 부동산이나 주식 등에 빠진 자는 멀리해야 합니다.

(34) 독립궁합

누구나 결혼 전에는 부모의 지도, 통치, 간섭 아래에 있습니다. 이는 정상입니다. 그러나 결혼을 하게 되면 부모로부터 완전히 독립하는 독립 가정이 됩니다. 하나의 독립 국가나 독립 지자체와 같습니다. 결혼을 앞둔 사람들은 이런 인식이 확고해야 합니다. 정신적으로나 경제적으로 완전히 독립해야 합니다. 부모들도 마음에 들든 들지 않든지 일절 섭정이나 간섭은 금해야 합니다. 부모들은 자기 자식을 자기 소유물처럼 생각합니다. 결혼했음에도 불구하고 시도 때도 없이 불시에 찾아오고 상관하려고 합니다. 그렇게 하는 부모들은 잘못입니다. 무지한 행동입니다. 결혼하게 되면 부모의 간섭에서 독립하는 것입니다. 손을 떼야 합니다. 혹 만나는 사람이 이런 독립 의식이 없다면 결혼을 재고해야 합니다. 유약한 사람으로 결혼생활이 순탄치 않게 됩니다. 양가 어른들의 월권과 간섭으로 속상한 일이 많을 것입니다.

(35) 시어머니와 시누 궁합

우리나라는 예나 지금이나 며느리와 시어머니, 시누와의 갈등이 심각합니다. 물론 사이가 좋은 자들도 있습니다. 결혼하면 독립 가정, 독립 부부가 됩니다. 새내기 부부가 가정의 어른이고 결정권자입니다. 누구도 간섭하거나 월권을 하면 잘못된 것입니다. 일체 상관이나 간섭을 금해야 합니다. 이런 사실에 무지한 자들은 결혼 전이나 결혼 이후나 자기 마음대로 간섭하고 상관합니다. 배우자 될 사람이 이런 부분에서 단호해야 합니다. 양가 부모님과 시누들에게 오해하거나 섭섭하지 않도록 부드럽게 말해야 합니다. 만일 만나고 있는 사람이 마마보이나 마마걸이면 피차 피해야 합니다. 만나지 않음이 지혜입니다. 결혼생활이 답답하고 힘들 것입니다.

(36) 이혼궁합

세상 민법(840조)은 이혼 사유가 발생하면 이혼하도록 하지만 기독교의 성경은 이혼 자체를 금합니다. 우리나라 이혼율은 매우 높습니다. 이혼은 쌍방의 불행입니다. 양가 부모와 자녀들에게 치명적인 상처와 아픔을 줍니다. 관계가 단절됩니다. 가정 해체가 됩니다. 이산가족이 됩니다. 결혼을 앞둔 예비부부들이 절대적으로 피해야 하는 것이 이혼입니다. 따라서 이혼에 대한 확고한 견해 여부를 반드시 확인해야 합니다. 이혼하는 핵심적인 요인은 크게 두 가지입니다. 사랑이 부족해서가 아닙니다. 조건적으로 대하고 상호 이해심 부족 때문입니다. 조건적으로 사랑하고 결혼하니 살다가 이런저런 조건이 달라지니 사랑도 결혼도 달라지는 것입니다.

더욱이 부부는 전혀 다른 남남입니다. 같은 가족과 형제도 다투는데 부부는 말할 것도 없습니다. 서로 다름에 대한 이해심이 없이는 부부생활은 불가능합니다. 활활 타오르는 감정과 사랑과 마음은 얼마 가지 못합니다. 부부는 무조건적인 사랑과 자기와 많은 부분에서 다름을 이해심을 갖고 대해야 결혼생활을 순탄하게 이어갈 수 있습니다. 이것이 없으면 어느 부부든지 오래가지 못합니다. 따라서 이혼 생각과 그 이유를 확인해야 합니다. 그래서 무조건적인 사랑과 이해심이 발견되지 않으면 만남을 멈추거나 결혼을 유보하는 것이 지혜입니다. 이런 것을 무시하고 결혼하면 후회할 가능성이 매우 큽니다. 결혼은 몹시 신중하게 하되 한번 결혼하면 이런저런 핑계를 대면서 이혼할 생각 자체를 갖지 말아야 합니다. 성경이 허락하는 이혼은 두 가지뿐입니다. 배우자의 불륜과 불신 배우자가 신앙 포기 강요로 이혼을 요구했을 때뿐입니다.

(37) 폭언과 폭력 궁합

사람은 마음이 부패하고 타락해서, 미성숙해서 예나 지금이나 폭언과 폭력은 끊이지 않고 있습니다. 남녀노소를 불문하고 나타납니다. 학력이 높아도 나타납니다. 폭언과 폭력은 습관입니다. 이것이 습성으로 자리 잡은 사람은 걸핏하면 폭언과 폭력을 행사합니다. 이 부분을 확인해야 합니다. 폭언과 폭력을 당해 왔거나 줄곧 폭언과 폭력을 행사해 온 사람은 배우자에게 그리할 가능성이 농후합니다. 그래서 피하는 것이 상책입니다. 이런 것도 하나의 정신질환입니다. 쉽게 고쳐지지 않습니다. 습관적인 사람은 아무리 다짐을 해도 언젠가는 반드시 나올 것입니다. 결혼하여 폭언과 폭력을 당하면 자존감도 바닥으로 떨어지고 비참해집니다. 사랑하고 좋아하는 것이 문제가 아닙니다. 이런 자들은 무조건 피해야 합니다. 폭언과 폭력도 중독성이 있습니다.

(38) 문제 해결 방식 궁합

그 어떤 사람일지라도 항상 사이좋게만 지낼 수 없습니다. 서로가 다르기에 의견이 충돌될 때가 있습니다. 다양한 문제와 갈등이 발생할 수 있습니다. 이웃들과도 다툼이 일어날 수 있습니다. 그런 경우 문제를 해결하는 방식이 매우 중요합니다. 대화로 푸는 사람, 폭언과 폭력으로 푸는 사람, 억지를 부리는 사람, 침묵해 버리는 사람, 상대방만 탓하는 사람, 수십 일이고 말을 하지 않는 사람, 그 자리를 피해버리는 사람 등이 있습니다. 언제 어디서나 갈등은 피할 수 없는 요소인데 이런 경우 문제 해결 방식이 성숙해야 합니다. 차분하게 대화로만 풀어 가야 합니다. 피차 주관적인 고집과 억지는 부리지는 말아야 합니다. 폭력과 협박과 보복은 절대로 안 됩니다. 그래야 비교적 좋은 부부가 될 수 있습니다.

(39) 더불어 행하는 궁합

어떤 사람은 결혼 전과 결혼 후의 자기 생활 습관, 이기적인 습관을 그대로 유지하는 자들이 있습니다. 결혼 전에는 무엇이든지 자기 위주로, 자기가 좋을 대로만 행동해도 문제가 없습니다. 하지만 결혼하면 상대가 있기에 결혼 전의 습관대로 살면 순탄치 않습니다. 결혼 전의 습관을 버려야 합니다. 운동경기에서 단식과 복식 경기를 연상하면 이해하기 쉬울 것입니다. 자기가 좋아하는 것만 하면 불행해집니다. 자기 마음대로만 하면 안 됩니다. 배우자를 배려하고 서로 호흡을 잘 맞추어서 생활해야 합니다. 결혼은 부부가 생사고락을 함께하는 삶입니다. 평일이나 주말이나 시간이 나는 대로 부부가 서로를 챙기고 배려하며 함께하지 않으면 따로 부부가 됩니다. 한쪽은 외롭게 되고 소외됩니다. 결혼한 것을 후회합니다. 결혼하면 모든 것을 함께 생활하겠다는 마음이 없으면 결혼을 유보해야 합니다. 그런 사람은 결혼하게 되면 배우자를 외롭게, 우울하게, 눈물나게, 후회하게 만듭니다.

(40) 행복궁합

일반적으로 사람들은 행복을 원합니다. 행복하게 살고 싶어서 결혼합니다. 부부는 행복에 대한 기준과 가치가 비슷해야 서로가 행복하고 불만이 없습니다. 행복(幸福)이란 '만족과 기쁨을 느끼는 상태'를 뜻합니다. 사람마다 다 다릅니다. 생활이 넉넉하든지 부족하든지 만족하고 기뻐하면 행복한 사람입니다. 그래서 행복은 객관적인 기준과 정도가 있는 것이 아니라 주관적입니다. 어떤 사람은 돈이 많아야 행복하다고 하는데, 어떤 사람은 가난하게 살아도 행복하다고 합니다. 어떤 사람은 좋은 아파트에서 살아야만 행복하다고 합니다. 어떤 사람은 허름한 집에서 살아도 행복하다고 합니다. 행복에 대한 기준이나 가치가 다른 사람이 결혼하면 힘들어집니다. 부부 갈등과 분쟁은 자명합니다. 생각과 마음이 비슷한 사람끼리 만나야 행복하게 됩니다. 그래서 행복궁합은 중요합니다.

(41) 의식주궁합

의식주는 사람이 살아가는 데 가장 기본적인 요소입니다. 부부들도 마찬가지입니다. 의식주(衣食住)란 '옷과 먹는 것과 집'을 말합니다. 어떤 사람들은 의식주만 해결되면 감사하고 만족하며 삽니다. 그러나 어떤 사람은 의식주만으로는 성이 차지 않습니다. 불만을 가집니다. 일반적으로 사람들은 욕심들이 많습니다. 탐심이 끝이 없습니다. 그래서 기본적인 의식주로 만족하는 사람이 별로 없습니다. 그 이상이어야 한다고 생각합니다. 그래서 의식주궁합이 맞지 않으면 힘들어집니다. 이에 의식주궁합을 확인해야 합니다.

(42) 신혼살림궁합

결혼하기로 합의를 보면 예비부부는 신혼살림 이야기를 하게 됩니다. 신혼살림을 장만합니다. 이때 서로 생각이 비슷하거나 엇갈리기도 합니다. 누구는 비싸고 좋은 것만 사자고 하거나 비교적 무난한 것으로 하자고 하는 등 갈등하게 됩니다. 그래서 신혼살림을 마련하는 과정에서 심한 갈등이 발생하기도 합니다. 기본적으로 신혼 초에는 무리하지 않는 것이 지혜이고 분수에 맞는 것입니다. 경제적으로 자립이 되지 않은 상태이자 경제력이 넉넉하지 않기 때문입니다. 그래서 상당수가 대출을 받습니다. 결혼에 대해 마음이 들떠 있어서 모든 신혼살림을 A급으로 하려고 하면 만만치 않은 돈이 들어갑니다. 이는 허세입니다. 이런 경우 결혼 후에도 후유증이 나타납니다. 자립이 되지 않은 형편에서는 이사를 여러 번 가야 합니다. 그러면 살림들이 망가지기도 합니다. 따라서 신혼 초에는 무난한 것으로 하되 나중에 자립이 되거나 생활이 여유롭게 되면 좋은 것으로 하자고 해야 합니다. 이런 부분에 대하여 비슷한 생각이어야 다툼이 없습니다.

(43) 자녀 출산 궁합

최근에는 무자녀를 선호하는 딩크족들이 있습니다. 이런저런 이유로 자녀를 낳지 않으려는 부부들이 있습니다. 하지만 이는 아주 단견입니다. 그래도 그런 사람들이 있어 확인해야 합니다. 기본적으로 자녀 출산은 하나님의 명령이기 때문이고, 부부와 가정의 행복과 화목, 부부를 성숙하게 만드는 데 지대한 영향을 미칩니다. 근시안적인 생각으로 이런저런 이유와 명분을 말하면서 무자녀로 살면 나중에 반드시 후회합니다. 하나님께서 명령하신 것을 행하면 조금은 힘들더라도 그 이상의 행복과 기쁨이 있습니다. 자기 자신도 부모님이 출산하지 않았으면 이 세상에 나오지 못했을 것입니다. 이런 사실을 알아야 합니다. 자녀가 없는 집은 편하게 살고, 경제적으로는 도움이 될 수는 있어도 그보다 더 풍성한 것은 잃어버리게 되어 부부의 삶이 건조합니다. 가정 분위기도 좋지 못합니다. 노후에 후회합니다. 외롭고 쓸쓸하게 죽어 갑니다.

(44) 자녀 사교육 궁합

자녀에 대한 사교육비 지출 부담은 가정마다 적지 않습니다. 매월 백만 원 전후의 많은 부담을 갖게 됩니다. 이 문제로 부부가 심각하게 다투기도 합니다. 이 부분도 잘 맞아야 합니다. 사실 학교 공부와 EBS 시청만 잘해도 큰 문제가 없습니다. 비싼 돈을 들여 학원에 다닐 필요가 없습니다. 이 또한 자녀 교육에 대한 과도한 욕심 때문입니다. 인생의 행복은 일류대학교에 입학하고 졸업해서 대기업에 취직해야 행복한 것이 아닙니다. 자기가 하고 싶은 것을 하며 살면 됩니다. 기본적으로 성실하게 학교생활과 공부를 하면 굳이 학원에 다니지 않아도 가능합니다. 과도한 사교육비 지출은 가정경제와 부부의 삶도 나쁜 영향을 미치기에 잘 검증해야 합니다.

(45) 공감궁합

공감(共感)이란 '남의 의견, 주장, 감정 따위에 자기도 그렇다고 느끼는 것이나 그런 기분'을 말합니다. 부부는 한 몸이기 때문에 공감이 잘 맞아야 합니다. 그래야 한마음으로 살아갈 수 있습니다. 때마다, 대화마다 공감 능력이 없으면 따로 부부로 살아가게 됩니다. 서운하게 됩니다. 답답하고 미칠 것입니다. 그래서 공감궁합을 검증해야 합니다.

(46) 취향궁합

취향(趣向)이란 '하고 싶은 마음이 생기는 방향'을 뜻합니다. 부부는 한 몸으로 같은 방향을 향해 둘이 하나가 되어 살아가는 존재입니다. 그래서 취향이 잘 맞아야 행복합니다. 첫인상, 이상형, 먹는 것, 자는 것, 취미, 옷, 어디에 가는 것 등에서 맞아야 합니다. 사사건건 취향이 다르면 별로 행복하지 않습니다. 예를 들어 아내는 산으로 가자고 하는데, 남편은 바다로 가자고 하거나, 아내는 한식을 먹자고 하는데 남편은 중화요리를 먹자고 하면 충돌되어 즐겁지가 않습니다. 그래서 부부는 취향이 비슷해야 호흡이 잘 맞습니다.

(47) 침대궁합

과거에는 침대가 없이 사는 자들이 많았습니다. 지금은 대부분 침대를 사용합니다. 그런데 잠자는 스타일과 접촉에 민감한 스타일과 사이가 좋지 않은 부부들은 방을 따로 사용하든지 아니면 한 방 안에 침대를 두 개 놓고 각자 침대에서 잠을 잡니다. 가장 이상적인 부부는 한 침대를 사용하고 부부가 다투더라도 한 침대를 사용합니다. 그러나 개성이 강하고 이기적인 부부들은 다른 침대에서 잡니다. 그러면 부부의 친밀도가 떨어집니다. 부부 사이가 벌어집니다. 이런 부분도 확인해야 합니다.

(48) TV 시청 궁합

이 부분도 별것이 아닌 것으로 보이지만 서로의 취향이 다르기에 드라마 시청 등을 놓고 부부가 갈등할 수 있습니다. 아내는 드라마를 보자고 하는데 남편은 스포츠를 보자고 하면서 갈등할 수 있습니다. 서로 확인해야 합니다. 이 부분에서 갈리면 TV를 2대로 하는 것입니다.

(49) 스킨십 궁합

사람에 따라 스킨십을 좋아하는 사람이 있고 싫어하는 사람이 있습니다. 스킨십 부위나 정도도 차이가 날 수 있습니다. 스킨십 장소도 그렇습니다. 정상적인 부부라면 특별한 장소가 아닌 이상 언제 어디서나 스킨십을 좋아하고 허용해야 합니다. 이성 간에는 서로 좋아하고 사랑하면 언제 어디서나 스킨십이 하고 싶어집니다. 스킨십을 하면 마음과 몸이 건강해지고 행복하게 됩니다. 몸에서 좋은 호르몬이 나옵니다. 부부의 스킨십은 적당히, 알맞게 하기만 하면 나쁠 것이 하나도 없습니다. 따라서 스킨십은 아낄 이유가 하나도 없습니다. 이런 부분도 확인해야 합니다.

(50) 귀가 시간 궁합

배우자의 귀가 시간 때문에 다투는 부부가 의외로 많습니다. 우리나라 직장인들은 모임, 회식이 많습니다. 그러다 보니 2차, 3차, 4차까지 가면서 밤늦게나 새벽에 귀가하는 부부들이 있습니다. 그러면 배우자는 늦게까지 기다려야 합니다. 아니면 혼자 밥을 먹게 됩니다. 이런 일이 자주 발생하면 불만과 갈등이 생깁니다. 배우자의 마음을 불편하게 하거나 외롭게 만듭니다. 이 부분도 잘 맞아야 합니다. 늦어도 저녁 식사는 부부가 같이 먹는 것이 정상입니다. 특별한 경우 한 번 정도는 늦어도 12시 이전에 귀가하는 것이 정석입니다. 결혼하면 배우자와 가정이 우선이어야 합니다. 그럴 자신이 없는 사람은 결혼을 유보해야 합니다. 함께하고 싶어서 결혼했는데 혼자 살 때처럼 한다면 결혼의 의미가 없습니다. 배우자를 힘들게 합니다.

제6부

배우자 검증 이해를 돕는 참고 자료

제1장

커플 팰리스 검증 자료(30가지)

Mnet이라는 채널에서 2024년 1월 30일부터 매주 화요일 저녁 10시에 방영했던 미혼남녀들의 결혼 매칭 프로그램이 있었습니다. 인생에서 가장 중요한 내 연인을 찾기 위해 커플 메이킹 장소인 '커플팰리스'에 입소를 향한 싱글남녀 100인(남 50, 여 50)의 대규모 웨딩 프로젝트였습니다. 또 한 번은 남녀 30명씩 한 적이 있습니다. 여기에서 매칭 상대의 프로필을 적고 서로 확인하는 과정이 있습니다. 서로에 대한 검증입니다. 기본적인 사항을 알아야 하기 때문입니다. 결혼하기 위해서 연인을 만났을 때 크게 두 가지 요소를 봅니다. 외모와 내면입니다.

외모라 하면 얼굴과 키와 신체와 각종 조건 등이며, 내면이라 하면 가치관이나 세계관이나 취향과 성격 등을 봅니다. 누구나 어느 한쪽을 외면할 수 없습니다. 모두 중요하기 때문입니다. 이는 마치 음식과 음식을 담은 그릇이 모두 중요한 것과 같습니다. 물론 사람마다 외면과 내면에 대한 끌리는 취향이 다릅니다. 이런저런 조건을 따지지 않고 단순하게 다가가는 사람도 있습니다. 어떤 취향이든지 각기 자기 선호도대로 하면 됩니다.

어떤 만남이든 결국 조건만남일 수밖에 없는데 서로가 호감이 있고 설렘과 끌림이 있어야 연애를 시작할 수 있습니다. 조건만 좋다고 하여 매칭되는 것도 아닙니다. 조건이 아무리 좋아도 자기 취향이 아닌 자가 있습니다. 누군가에게는 조건이 전부가 아닙니다. 누가 뭐라고 해도 제 눈과 마음에 들어야 합니다. 부모나 주변 사람들의 마음이 아니라 당사자 마음에 들어야 합니다. 당사자가 살 자이기 때문입니다.

그래서 남녀의 연애는 아주 복잡하고 예측할 수 없게 돌아갑니다. 첫인상 선택 때와 자기소개를 한 후 선택은 또 달라집니다. 여러 번 만나 보면 또 달라집니다. 사람의 마음은 수시로 변합니다. 이런저런 검증과 대화를 통해서 자기와 맞는 자도 있고 맞지 않는 자도 있어 다양한 변화와 결과가 나타납니다. 대부분의 연애 프로그램에서 공통으로 나타나는 현상입니다. 자기 짝을 만나고 찾는다는 것은 그리 쉽지 않습니다. 참으로 어려운 일입니다. 이곳에서 제시한 커플 검증 항목은 30개인데 이를 살펴보겠습니다.

1. 이름
2. 키/몸무게
3. 종교
4. 거주지
5. 직업(직장면, 직급, 연차)
6. 학력
7. 자가/자차

8. 질병 유무(가족력 포함)

9. 취미/특기

10. 식습관

11. 결혼 전 동거

12. 생년월일/나이

13. 가족관계(부모 직업)

14. MBTI(성격유형)

15. 반려동물 유무

16. 연봉

17. 현금 자산

18. 흡연 여부

19. 음주 횟수/주량

20. 한 달 평균 카드값

21. 채무(빚)

22. 경제권

23. 맞벌이

24. 부모님 부양

25. 결혼식

26. 신혼집

27. 자녀 계획

28. 신혼여행

29. 동거 경험

30. 결혼 시기

미국 고위공직자 검증 절차

인사청문회의 원조는 미국입니다. 인사청문회를 비유로 말하면 국가가 신랑이라고 할 때 신부인 고위공직자를 배우자로 세우기 위한 절차와 과정과 검증입니다. 미국은 아주 철저하게 합니다. 인사는 만사이기 때문입니다. 인사를 잘못하면 국가에 큰 해를 끼치게 됩니다. 그래서 제대로 된 사람을 고위직에 세워야 합니다. 미국은 1787년 헌법제정 당시부터 인사청문회를 실시해 왔습니다. 지금으로부터(2024년 기준) 237년이나 되었습니다. 반면 한국은 2000년에 인사청문회를 도입했습니다. 2025년 기준으로 이제 25년밖에 되지 않았습니다. 현재 한국의 인사청문회는 미국의 인사청문회를 근거로 합니다.

하지만 한국의 인사청문회는 실제로 미국의 인사청문회와 시행 방식이나 절차가 다릅니다. 매우 부실하고 영성한 수준입니다. 그 결과 부실한 고위공직자들이 국정을 맡아 하는 촌극이 벌어지고 있습니다. 함량 미달 공직자들로 인하여 국민이 뽑아놓고 엄청난 스트레스를 받기도 합니다. 이는 마치 좋아하고 사랑해서 결혼한 이후 비참하게 사는 것과 같습니다. 미국 인사청문회의 가장 큰 특징은 바로 철저한 검증 시스템과 기간의 제약이 없다는 사실입니다. 철저하고도 세부적이면서도 집요하게 조사를 하는 절차입니다.

대통령 인선 과정에서 후보자에 대해서 철저한 검증이 시작되는데 여기에는 아래 부처들이 총동원됩니다. 백악관 인사국, FBI(미국 연방수사국) 신원조회, IRS(국세청) 세무조사, 공직자 윤리위원회입니다. 우리나라와는 비교도 되지 않습니다. 이런 부서들이 그저 문제 되는 항목을 찾아내는 게 아니라, 철저하게 매뉴얼화된 시스템에서 후보자들을 검증하고 그 후보자들의 배경과 과거, 문제를 샅샅이 찾아내고 검증합니다.

검증 항목은 다음과 같습니다.

▶ 개인과 가족에 대한 배경 사항(61개 항) ▶ 직업 및 교육적 배경에 관한 사항(61개 항) ▶ 세금 납부에 관한 사항(32개 항) ▶ 교통범칙금 등 경범죄 위반 사항(34개 항) ▶ 전과 및 소송 진행에 관한 사항(35개 항) 등 **총 233개의 항목**을 2주간에 걸쳐 조사합니다. 대통령 인선에서 사전 조사가 끝난 후보자를 무조건 상원에 인준 신청을 하는 것이 아닙니다. 대통령은 후보자를 해당 상임위원회 위원장, 의회의 지도자, 각 정당 및 라인의 지도자들과 협의를 합니다.

이런 과정을 거치기 때문에 미국에서는 상원 인준 거부율이 낮습니다. 미국 상원은 기간의 제약도 받지 않으면서, 항목별로 서면 질의서를 후보자에게 보내서 철저하게 답변서를 작성하여 제출하게 만듭니다. 그런데 답변서의 내용이 부실하거나 의심되는 경우 다시 위원회 자체 조사를 벌입니다. 이 경우에는 사전 조사보다 더 철저하고도 집요한 조사가 시작되어서 어떤 의혹도 이 조사에서 모두 탄로 나는 경우가 많습니다. 미국 인사 청문회의 특징을 알려 주는 가장 핵심은 바로 소요 기간입니다. 보통 대통령의 사전 인선에 평균 270여 일, 행정부 인준 준비에 평균 28일, 상원 인준에 50일 총 350여 일이 소요됩니다. 즉 1년 가까이 후보자를 선정하고 검증하고 인준을 받는 것입니다. 우리나라와는 천지 차이입니다.

이런 이유로 미국 인사청문회는 비리나 의혹을 밝혀내는 데 완벽하다고 볼 수 있습니다. 우리나라와 달리 부실하고 부당한 자들이 대부분 걸러집니다. 미국 인사청문회는 아주 엄격하고 철저합니다. 국세청·FBI(미국 연방수사국)가 3~4개월간 신상 검증을 철저히 합니다. 이웃의 평판까지 묻습니다. 이에 통과한 후보만 지명합니다. 그리하여 의회에선 정책 질의에 집중합니다. 한국의 인사청문회와는 질적으로나 내용으로 너무 다르고 엄청난 수준 차이가 납니다. 아주 창피할 정도입니다.

한국은 사전 검증도 매우 부실합니다. 사전 검증을 했다는 후보들의 도덕성이 나중에 드러나 문제가 되는 경우가 너무 많습니다. 대충했다는 증거입니다. 청문회에서 도덕성 검증으로 날을 샙니다. 정쟁으로 시간을 다 보냅니다. 싸움판이 됩니다. 정책 질의는 거의 하지 못합니다. 미국에서는 있을 수 없는 일이 한국에서는 당당하게 벌어지고 있습니다. 그만큼 고위공직자들의 의식과 도덕적 수준이 낮습니다. 후보자들의 도덕성과 전문성 자질이 부실합니다. 준비된 자들이 매우 적습니다. 지금까지의 후보자들이 이를 잘 증명해 줍니다.

만약 한국에서 고위공직자 후보자로 지명한 자를 미국의 잣대로 검증하면 아마 10% 정도만 생존할 것입니다. 그마저도 안 될 수 있습니다. 국가의 고위공직자를 세우는 데도 이처럼 철저하고 엄격하게 하는데 평생을 한집, 한 침대에서 살을 맞대고 주야로 살고, 생사고락을 함께할 배우자에 대한 검증은 더욱 엄격하고 철저하게 해야 정상입니다. 그렇지 않으면 늑대와 사슴이 함께 살게 되는 위험한 부부가 됩니다.

그런데도 초혼자들이나 재혼과 삼혼자들은 뭐가 그리도 급한지 상대방에 대하여 제대로 검증도 하지 않은 채 만난 지 얼마 되지도 않았는데 아주 짧은 기간 내로 동거를 하거나 결혼부터 해버립니다. 요즈음은 '선섹후사'라고 하여 만나자마자 쉽게 성교까지 하고 돈도 빌려줍니다. 빠른 사람은 만난 지 6일 만에 결혼하거나 석 달 만에 결혼도 합니다. 검증보다 몸이 앞섭니다. 그리고는 나중에 못 살겠다고, 속았다고 아우성을 치고 이혼합니다. 참 어리석습니다. 모두 자기 책임입니다. 상대방이나 누굴 탓하지 말아야 합니다. 누구든지 못된 성품과 언행과 모습은 본래 그런 사람이었는데 이를 알아차리지 못한 것입니다.

그러므로 미국 고위공직자 청문회처럼 교제 기간, 연애 기간을 1년 이상 충분히 잡고 철저하게 검증에 돌입해야 합니다. 말과 행동과 습관과 검증 리스트, 예비고사 페이퍼를 만들어 다면평가와 체크와 검증을 하여야 합니다. 특히 살아온 과거를 반드시 묻고 확인해야 합니다. 보통은 과거와 현재의 삶은 미래의 모습이고 사람은 쉽게 변하지 않기 때문입니다. 일부 사람들은 말합니다. 세상에 그렇게 완벽한 사람, 배우자가 어디 있느냐고. 찾아보면 있습니다. 없다는 주장을 너무 확신에 차서 말하지 않아야 합니다. 그 객관적인 근거는 미국의 고위공직자들입니다.

세상엔 부실한 자들만 있는 것이 아니라 합당한 자들도 많습니다. 주관적인 상식으로 그런 사람이 없다고 섣불리 단정하지 말아야 합니다. 자신이 찾지 못하거나 만나지 못했을 뿐입니다. 부실한 사람, 불량한 사람 등 아무나 만나서 쉽게 동거하고 섹스하고 결혼하는 사람처럼 바보나 위태위태한 사람은 없습니다. 성인은 보통 고쳐서 쓸 수도 없습니다. 사람들은 습성이나 내면이나 현재 모습대로 평생 살아갑니다. 사람은 잘 안 변합니다. 사람에 대하여 변할 것이라고 기대하지 않는 것이 정신 건강에 좋습니다. 그래서 처음부터 잘 만나야 합니다. 잘 검증해야 합니다. 목수들이 집을 지을 때 처음부터 좋은 목재를 쓰는 이유가 다 있습니다. 사람도 그리해야 나중에 피눈물을 흘리지 않습니다. 상처를 받지 않고 후회하지 않고 이혼하지 않습니다.

그런즉 아무리 짧아도 1년 정도 이상은 철저한 검증을 통해서 어느 정도 이런저런 확인이 끝난 사람과 결혼해야 합니다. 아니다 싶으면 단호하게 교제를 끊어야 합니다. 감정에 머뭇거리고 미련을 가지면 위험해집니다. 쓸 만한 사람이 없으면 조급해하지 말고 기다려야 합니다. 싹이 나고 꽃이 필 때까지 기다릴 줄 알아야 합니다. 혼자 살 각오도 해야 합니다. 불량한 자를 만나 불행하게 살다가 이혼하는 것보다 외롭게 사는 것이 더 낫습니다. 사슴이 조급하다고 호랑이나 늑대와 교제하거나 결혼할 수는 없습니다. 무엇이든지 자기 수준과 역량대로 됩니다. 배우자도 자기 수준과 역량에 딱 맞는 사람만 만납니다. 그래서 사람이나 동물들이나 유유상종(類類相從)입니다. 같은 종끼리 어울립니다.

예외적인 부부도 있기는 하지만 부부들을 보면 마음이나 행동이나 말이나 수준이나 어쩌면 그리도 비슷한지 모릅니다. 보통은 자기 수준대로 배우자도 만납니다. 그런즉 자기 수준을 높여야 합니다. 그래야 비교적 더 나은 배우자를 만날 수 있습니다. 자기 배우자나, 자기 자식들이나 딱 자기 수준입니다. 자기가 최종적으로 결정한 사람입니다. 이는 비교적 맞습니다. 물은 물을 만나고 어울리며, 기름은 기름을 만나고 어울립니다. 사슴은 사슴을 만나 어울리고, 늑대는 늑대를 만나 어울립니다. 전체적으로 볼 때 부부들은 자기와 유사한 사람을 만납니다.

예외적으로 자기가 만나고 좋아하는 사람에게 여러 문제와 단점이 있어도 감당할, 사랑할, 인내할 자신이 있으면 결혼하기 바랍니다. 그러나 소소한 것이 아닌 치명적인 단점에 대해서는 사실 감당하기 어렵습니다. 변할 가능성도 희박합니다. 아무리 좋아하고 사랑해도 여러 가지가 맞지 않으면 오래가지 못합니다. 참고 인내하며 살다가 포기합니다. 인생은 깁니다. 쉽게 생각하지 말아야 합니다. 나중에 다른 주장과 행동은 하지 말아야 합니다. 자기 선택과 결정에 스스로 책임을 져야 합니다. 달면 삼키고 쓰면 뱉는 짓은 하지 말아야 합니다. 스스로 결혼하고는 힘들다고, 안 맞는다고 스스로 이혼하는 것은 무책임한 짓입니다. 부모님이나 가족들을 힘들게 하지는 말아야 합니다.

다시 강조하지만 '인사는 만사'고, 건축할 때나 배우자를 만날 때는 무조건 좋은 재목을 선택하고, 좋은 사람을 만나야 행복한 부부와 가정이 세워집니다. 부실한 재목과 사람은 부실한 결과는 가져옵니다. 뿌린 대로 거두게 됩니다. 이는 진리이자 상식입니다. 이런 사실을 깊이 상고하고 살아야 합니다. 그래서 결론은 데이트 중에 철저하고 냉정한 사전 검증이 중요하다는 말입니다. 서로가 약속하고 제안하기를 먼지 털 듯이 탈탈 털자고 해야 합니다. 반드시 검증해야 합니다. 결혼의 성패는 결혼 이후 노력이 아니라 데이트 때에 얼마나 검증을 잘한 이후 부부가 되느냐에 달려 있습니다. 좋은 나무에서 못된 열매가 열리지 않고, 못된 나무에서 좋은 열매는 열리지 않습니다. 독수독과(毒樹毒果)가 그런 원리와 말입니다. 독이 있는 나무에서는 독이 있는 열매를 맺는다는 말입니다. 결혼하기 전에 검증을 잘해서 좋은 배우자를 만나야 합니다. 검증도 충분히 하지 않은 상태에서 감정에 치우쳐 동거하고 섹스하는 등 좋다고만 하면 큰일 납니다. 누군가를 만나 교제할 때 차분함과 객관성과 냉정함을 잃지 말아야 합니다. 그래야 후회하는 일이 없습니다.

제3장

남녀의 일반적인 호감 표시와 행동

남자나 여자나 상대방에게 좋아하는 감정, 즉 호감이 생기면 평상시와 다른 표시와 행동을 합니다. 겉으로 감추지 못합니다. 다 드러납니다. 그 이유는 도파민 등 좋은 호르몬이 몸에서 분출되어 마음속의 감정을 숨기지 못하고 외부로 나타나게 하기 때문입니다. 그래서 일반적으로 연애하면 얼굴빛과 입 모양과 옷맵시와 행동 등이 전과는 확 달라진 모습을 보입니다. 주변 사람들이라면 누구나 다 알아볼 수 있을 정도로 다른 모습이 나타납니다. 자신은 숨긴다고 하는데 주변 사람은 다 느끼고 압니다. 이성을 만났을 때 남녀 모두에게 아래의 항목들이 나타나면 상대방이 자신에게 호감이 있다는 사인으로 바로 알아야 합니다. 남녀를 만났을 때 남녀의 모든 말과 표정과 자세와 행동 등은 모두 메시지입니다. 하나의 추파이자 사인입니다. 관심이고 호감 표시입니다. 단순한 행동이 아닙니다. 이를 이해하고 파악해야 합니다. 구체적인 표시와 행동은 다음과 같습니다.

1. 잘 웃는다.
2. 눈을 마주친다.

3. 질문을 열심히 한다.

4. 칭찬한다.

5. 반응(리액션)을 잘한다.

6. 이성 주변을 맴돌거나 옆으로 간다.

7. 여성스러워지고 남성스러워진다.

8. 의도적으로 스킨십을 한다.

9. 개인적인 부탁을 한다.

10. 사귀는 사람이 있는지 묻는다.

11. 말이 꼬인다.

12. '나도 그래요'라고 본인을 어필한다.

13. 인색해하지 않는다.

14. 궁금해한다.

15. 배려하고 양보한다.

16. 몰래 힐끗힐끗 쳐다본다.

17. 여러 가지를 알고 싶어 한다.

18. 묻지도 않았는데 혼자 무엇을 한다고 자기 일상생활을 공유한다.

19. 자기는 괜찮은 사람이라고 은근히 어필한다.

20. 근교 등 사람들이 자주 가는 데이트 장소를 흘리면서 어필한다.

제4장

결혼정보회사 신원인증 절차

현재 결혼정보회사(약칭 '결정사')들은 정회원으로 가입하기 전에 반드시 선행하는 것이 있습니다. 돈을 먼저 지불한다고 하여 무조건 받아 주지 않습니다. 먼저 신원인증 절차를 밟습니다. 신원인증 절차에 하자가 없어야 등록을 받습니다. 그것도 아래의 항목에 대하여 당사자가 서류를 발급받아 제출하는 것이 아니라, '결정사'에 위임장을 제출하면 직원이 해당 서류를 발급받도록 합니다.

그 이유는 위조를 예방하기 위함입니다. 그 정도로 철저하게 합니다. 그래야 나중에 불행한 일을 예방할 수 있기 때문입니다. 이젠 만나는 사람의 말만 듣고, 당사자가 제출한 서류만을 보고 전적으로 믿는 시대가 아닙니다. 거짓과 조작과 위조가 일상화되었기 때문입니다. 그래서 누구를 만나든지 가장 먼저 신원조회를 철저하게 한 이후 만나야 합니다. 그것이 지혜이자 안전입니다. 신원인증 서류는 아래와 같습니다.

1. 혼인관계 인증서(동사무소, 면사무소, 구청)
2. 가족관계 인증서(동사무소, 면사무소, 구청)

3. 최종 학력 졸업 증명서(출신 학교 교무과)

4. 재직증명서(직장에 근무 시 소속 직장)

5. 자산인증서(은행, 증권사 등 금융기관의 인증센터 또는 홈페이지에
   서 발급)

제5장

연애와 결혼 대상으로 피해야 할 이성

물이라고 다 마실 수 없고, 음식이라고 다 먹을 수 없는 것처럼 사람이라고 다 믿을 수 없습니다. 무엇이든지 참과 거짓이 섞여 있기 때문입니다. 겉모습은 멀쩡하고 아름다운데 속은 부패하고 다른 자들이 있기 때문입니다. 그래서 범사에 신중해야 합니다. 무조건 믿거나 만나면 큰일 납니다. 사람은 겉모습도 무시할 수 없지만 내면, 인성을 더 큰 비중으로 보아야 합니다. 사람의 모든 언행은 마음, 내면에서 나오기 때문입니다. 연애와 결혼 대상으로 피해야 할 남녀는 다음과 같습니다. 진리는 아니고 참고 사항입니다.

(1) 꿈과 취미가 없는 사람

삶의 목표와 취미가 없는 사람은 기대할 것이 없고 무료하게 지낼 수밖에 없습니다. 발전과 성장과 변화도 기대할 것이 없습니다. 무색무취한 사람입니다. 이런 사람을 만나면 재미가 없습니다.

(2) 거짓말을 잘하는 사람

인간관계나 부부는 신뢰, 신용이 절대적입니다. 거짓말은 모든 인간관계와 신뢰를 파괴합니다. 믿고 살 수 없게 만듭니다.

(3) 과거의 연인에 대해 자주 말하는 사람

이는 과거 정리가 되지 않았다고 할 수 있습니다. 이미 지나간 과거는 추억과 교훈으로만 삼고 자주 말하지 말아야 합니다. 현재 연인에게 충실해야 합니다. 과거 연인과 현재 연인을 자꾸 비교하는 것은 유익하지 않습니다.

(4) 관계를 빨리 갖는 사람

만난 지 얼마 되지도 않았는데 '사랑한다'고 하거나, 돈을 빌려 달라고 한다거나, 무리하게 스킨십을 시도하거나, 선섹후사를 요구하는 등 너무 빠르게 진도를 나가는 사람은 피해야 합니다. 이는 정상이 아닙니다.

(5) 의심이 많은 사람

상대자의 행동거지에 대하여 사사건건 확인하고 추궁하고 점검하는 사람입니다. 이런 사람은 의처증이나 의부증에 걸릴 가능성이 농후합니다. 매우 피곤한 사람입니다.

(6) 질투가 심한 사람

질투도 정도껏 해야 건전하고 아름다운 것입니다. 너무 심하게 질투를 하는 배우자는 주변 사람들을 다 통제합니다. 다툼이 일어나는 것은 필수입니다. 자신감이 결여된 사람입니다.

(7) 물질에 집착하는 사람

상대방 돈을 보고 접근하고 만나는 사람들이 있습니다. 사람에 대한 가치 판단을 돈으로 하는 자입니다. 이런 사람은 배우자가 돈이 떨어지면 배신하고 떠날 사람입니다. 특히 일부 여성들이 남자의 돈에 집착합니다. 돈이 많으면 좋아하고 돈이 적으면 무시하고 멀리합니다.

(8) 피해망상을 가진 사람

이런 사람은 성격과 인격 장애가 있을 가능성이 큽니다. 상대방을 나쁘게 만듭니다. 아무 일도 아닌데도 괜히 피해를 입은 것처럼 말합니다. 무슨 말을 못 합니다. 이상하게 받아들이고 해석하기 때문입니다. 이런 사람과는 못 삽니다.

(9) 바람둥이

소위 '음행자'입니다. 수많은 남자와 여자를 사귀는 사람입니다. 이런저런 사람들과 자유롭게 섹스를 즐기는 사람입니다. 이런 사람은 변하지 않습니다. 죽어야 못된 버릇이 중단됩니다.

(10) 폭력적인 사람

언어폭력과 신체 폭력자입니다. 폭력은 상대자의 존엄과 자존감과 인격을 무시하고 무참히 난도질하는 짓입니다. 존중하지 않고 소중하게 생각지 않는 짓입니다. 게다가 폭력은 진행성입니다. 그래서 폭력적인 사람은 만나지 말아야 합니다.

(11) 중독자

술, 담배, 도박, 게임, 섹스, 낚시, 운동, 일, 투기, 휴대폰, 컴퓨터, 마약 등의 중독자는 성실한 생활이 불가능합니다. 게다가 중독은 쉽게 치료가 되지 않습니다. 하나의 진행성 정신질환입니다. 자기통제가 거의 불가능합니다. 이런 자들은 절대로 피해야 합니다.

제6장

중·장년 중매 유튜버들의 공통된 확인 질문 사항

유튜브를 보면 중·장년 매칭(소개, 중매) 채널들이 많습니다. 물론 소개비 의미로 상대방과 연결 전후로 후원금을 받습니다. 요구하지 않는 곳도 있습니다. 기본이 십만 원입니다. 유튜브를 통해서 소개를 받을 때는 매우 조심해야 합니다. 상대방에 대하여 제대로 신원조회나 검증이 되지 않은 상태로 소개를 받기 때문입니다. 소개를 담당하는 중매 채널 운영자도 정확히 모릅니다. 부동산 중개업자보다 서로를 모르고 연결해 줍니다. 그러다 보니 이상한 사람들이 적지 않다고 합니다. 불미스러운 일들도 발생합니다. 남녀 꽃뱀들도 있습니다. 한두 번 만나면 잠자리를 요구하고, 반지나 목걸이 등 선물을 요구하고, 돈을 빌려 달라고 하고, 필요 이상으로 친절하고, 상대방 집을 찾아가고 하는 일이 벌어집니다. 유튜브 중매 채널 운영자들의 순결 의식도 심각합니다. 부부도 아닌데 서로 좋으면 잠자리를 가질 수 있다는 식으로 말합니다.

특히 술에 대하여 기호식품으로 말하면서 '사람이라면 술을 어느 정도 해야 하는 것이 아니냐'라고 말합니다. 술을 마시지 않는 사람을 못난 사람, 대화 상대가 되지 않는 사람, 좀 뭐한 사람으로 취급합니다. 술에 대해서 정확히 알고 하는 말인지 모르겠습니다. 술은 오래전에 세계보건기구 (WHO)에서 1급 발암물질로 규정했습니다. 술은 기호식품이 아니라 발암물질입니다. 술을 마시면 우리 몸에 흡수되는 과정에서 '아세트알데히드'라는 발암물질이 생깁니다. 술을 적게 마시든 많이 마시든 해로운데, 가장 먼저 이마 앞쪽인 전두엽을 훼손시켜 올바른 말과 판단을 흐리게 합니다. 이성을 서서히 마비시킵니다. 그래서 술을 마시면 혀가 꼬이고, 아무 말이나 하고, 거친 말을 하고, 싸우고, 말이 많아지고, 잔소리하고, 아무 곳에서 소변을 보고, 소리를 지르며 누워 버리는 견(犬, dog)이 되는 것입니다.

술이 우리 자신과 부부와 가정과 이웃과 사회를 얼마나 병들게, 해롭게 하는지 모릅니다. 술은 우리 몸을 병들게 하는 해로운 음료입니다. 술의 해악 상은 아주 많습니다. 우리나라는 개판이 아니라 술판이 되어 버렸습니다. 술에 중독된 사회입니다. 그런데도 만나기만 하면, 어느 모임에서나 술술 합니다. 각자가 알아서 조심하고 신중해야 합니다. 이 정도만 언급하겠습니다. 유튜브 중장년 소개팅 채널을 몇 개만 소개하면 다음과 같습니다. 〈새출발tv〉, 〈중매의신〉, 〈소산tv〉, 〈홍동심tv〉, 〈중매소개팅tv〉, 〈영글tv〉, 〈힐링중매tv〉, 〈인라인뷰〉, 〈리즈시절 Liz TV〉, 〈중년연애노을tv〉, 〈포근한 4TV〉 이들이 확인 질문을 하는 공통적인 사항이 있습니다. 아래 내용은 이것을 정리한 사항입니다. 가장 기본적인 내용이라고 할 수 있습니다. 이에 누군가를 만나는 사람, 만났을 때 이런 사항을 참고하기 바랍니다.

1. 나이

2. 사는 곳

3. 지금 하는 일

4. 주거 형태(자가인지 임대인지 여부)

5. 건강 상태

6. 신체 조건(키+몸무게)

7. 이혼 혹은 사별

8. 자녀 유무

9. 자녀의 결혼 유무

10. 취미

11. 이상형

12. 이성 만남 시 친구로, 동거로, 재혼으로 살 것인지

13. 이성을 만나면 어떻게 살고 싶은지

14. 종교

15. 술과 담배

16. 경제력(자산)

17. 상대 희망 나이

18. 상대방과의 나이 차이(연상+연하) 몇 살까지

19. 연상을 원하는지

20. 연하를 원하는지

21. 연상과 연하 모두 상관없는지

22. 상대방 종교(천주교+개신교+불교+이슬람교+무교)에 대하여 어떤지

23. 자신의 얼굴은 어느 정도인지(외모)

24. 요리 솜씨는 어느 정도인지

25. 이혼 혹은 사별인지

26. 성격(성향)

27. 생활은 어떤 방식으로 해결하는지(연금+임대료+기타)

28. 연봉

29. 직장(직업)

30. 정치성향(필자 추가)-극우와 극좌는 대화가 통하지 않기 때문에.

31. 이혼 사유(필자 추가)-불륜인지 다른 사유인지 명확하게 알기 위하여. 성경은 배우자의 불륜 외에는 이혼을 금합니다. 불륜이 아닌 이혼자와 초혼이든 재혼이든 하면 간음 행위로 규정합니다. 재혼 상대의 범위와 기준이 매우 협소합니다. 이런 사실을 모르는 자들이 많습니다. 물론 세상 민법은 어떤 식으로 이혼했든지 상관하지 않습니다.

제7부

기타

제1장

동거와 섹스와 이성 교제

오늘날 남녀 간의 무질서하고 자유로운 동거와 섹스와 이성 교제의 비율은 대폭 증가하였습니다. 솔직하게 말하면 현시대는 무질서한 동거와 섹스와 이성 교제가 난무하고 있습니다. 자기들 마음과 감정대로 사는 자들이 많습니다. 만난 지 몇 시간밖에 되지 않았는데도 별의별 짓을 다 합니다. 유튜브 중장년 소개팅 채널인 〈가파통보〉에 따르면 남자들은 첫 만남에서 10~20% 정도 잠자리(섹스)를 생각하고 나간다고 합니다. 다섯 번 정도 만나면 남자의 90% 정도가 잠자리를 생각한다고 합니다. 이에 응하는 중년 여자들도 많다고 합니다. 60대가 넘은 자들이 이렇습니다. 젊은 이들은 말할 것도 없습니다. 세상이 미쳐 돌아가고 있습니다.

마치 음란의 도시였던 소돔과 고모라처럼 음란한 세상이 되었습니다. 너무 쉽게 섹스를 합니다. 짐승만도 못한 사람들이 수두룩합니다. 자기 몸과 마음을 천박하게 취급합니다. 사람들이 매우 심각하게 부패하고 타락해 가고 있습니다. 부부도 아닌데 이렇게 살아갑니다. 돈을 주고받고 잠자리를 하는 자들만 성매매자들이 아닙니다. 부부가 아닌 상태에서 돈이 오가지 않고 자유롭게 잠자리를 하고 사는 자들도 성매매자들입니다.

이는 마치 대가성 뇌물을 주고받고 불법을 한 사람이나, 그런 것 없이 불법을 한 사람이나 마찬가지로 불법인 것과 같습니다.

표현이 좀 그렇지만 보통 이렇게 난잡하고, 자유롭게 간음, 간통, 잠자리, 불륜을 즐기며 사는 자들을 가리켜서 속된 표현으로 '걸레'라고 합니다. 모든 사람은 걸레가 아닙니다. 걸레가 되어서도 안 됩니다. 모든 사람은 약 2억 대 1의 선택을 받아 이 땅에 태어난 아주 소중한 사람들입니다. 자기 몸을 천박하고, 값싸고, 가볍게 굴리면 안 됩니다. 자기 몸이나 상대방 몸을 다이아몬드보다 더 소중하게 여기고 존중하며 살아야 합니다. 적지 않은 미혼자와 기혼자들이 '성매매자'로 살아가고 있습니다. 그러면서도 그것이 얼마나 잘못된 행위인지 모릅니다. 당당합니다. 부끄러움도 없습니다. 결혼 전이나 결혼 이후에 부부가 아닌 다른 이성이나 동성과 섹스하는 것은 이유를 불문하고 모두 성매매에 해당합니다. 서로가 좋아하고 합의해서 한 섹스라고 불법이 아닌 것은 아닙니다. 우리나라뿐만 아니라 전 세계가 '성매매 천국'이 되어 가고 있습니다. 기본적인 윤리와 도덕이 심각하게 무너지고 있습니다.

그저 마음과 육체가 끌리는 대로 삽니다. 육체의 향연을 위해서 삽니다. 순결을 지키는 자들이 매우 적습니다. 순결을 준수하면 조롱거리가 됩니다. 남녀가 좋아하고 서로 허락하면 얼마든지 잠자리를 할 수 있다고 말합니다. 유튜브 중장년 소개팅 채널 운영자나 신청자들 상당수가 이런 의식과 수준입니다. 부부가 아닌데 잠자리에 대하여 아주 가볍게 생각하고 주장합니다. 큰일입니다. 그러나 우리가 잘 아는 것처럼 모든 일에는 질서와 규범과 원칙이 있습니다. 이런 것이 불편하지만 사람이 사는 세상과 사회는 필요한 것입니다. 예를 들어 교통법규를 생각하면 자동차 운전도 자기 마음과 감정대로 운전하면 안 됩니다. 신호등 질서와 원칙에 따라 운전해야 합니다. 신호등을 지키는 것은 자신과 타인을 보호하고 사랑하는 것입니다. 신호등을 지키는 운전자를 바보라고 하지 않습니다. 신호등이 불편하다고 하는 자는 정상이 아닙니다.

만일 신호등 질서와 원칙을 준수하지 않으면 우리 사회는 엉망이 될 것입니다. 하루에도 엄청난 교통사고 사상자가 발생할 것입니다. 자신은 물론 누구도 안전하게 운전하지 못할 것입니다. 그래서 질서와 원칙을 지키는 것은 자신과 사랑하는 가족과 타인의 안전과 행복을 위해서 중요합니다. 일반적인 동거와 섹스와 이성 교제에 대한 세태는 서로 좋아하면, 마음이 끌리면, 사랑하면 자유롭게 동거하고 섹스하고 만납니다. 결혼 유·무는 상관하지 않습니다. 상대방 가정이 파괴되는 것도 개의치 않습니다. 자기 마음과 감정에만 충실합니다. 대상도 가리지 않습니다. 이성이든, 동성이든 미혼자든, 기혼자든, 친족이든 마음만 맞으면 누구와도 동거하거나 섹스와 이성 교제를 합니다. 막가는 시대가 되었습니다.

저는 어느 TV 프로그램을 보다가 깜짝 놀랐습니다. 2025년 9월 8일(월) MBC 오○영 리포트(청춘지옥)에 남녀 대학생 2백 명이 모였습니다. 여기에서 오○영 박사는 다음과 같은 말을 했습니다. "결혼 전 섹스는 옳고 그름의 문제가 아니다", "이성이 편하고 좋아지면 섹스할 수 있다. 단, 콘돔을 사용하라" 오○영 박사의 주장과 상담과 처방과 말은 2025년 현재 많은 영향을 미칩니다. 그는 유명 인사이기 때문입니다. 그런데 오○영 박사의 섹스 가치관은 성경에 정면으로 배치되는 주장입니다. 지극히 세속적이고, 무질서하고, 타락한 가치관입니다. 성경의 가치관이나 세계관과 전혀 맞지 않습니다. 배우자가 아닌 이성이나 동성과 섹스하는 것은 결혼 전후로 틀린 것이자 성범죄입니다. 간음이자 간통 행위입니다. 반칙입니다. 옳고 그름의 문제입니다.

이날 오○영 박사의 이러한 말과 주장 때문에 자신감을 갖고 당당하게 섹스하는 자들이 속출하지 않을까 하는 염려가 됩니다. 오 박사의 주장이 진리가 아닌데도 그 영향력 때문에 걱정됩니다. 사람들이나 유명 인사들은 자기 생각이 진리가 아닌데도 마치 진리처럼 말합니다. 유명인들이 방송에 나와서 말하면 수용하는 자들도 있습니다. 기독교를 추종하는 청년들은 이러한 오 박사의 주장과 말에 현혹되지 말아야 합니다. 속지 말아야 합니다. 오직 하나님과 성경의 계명을 따라 살아야 합니다. 그렇게 사는 것이 고리타분해도 그렇게 살아야 삽니다. 사람들이 진리를 떠나 살기에 미혼자들의 섹스, 기혼자들의 불륜과 미혼자와 기혼자들의 이성 교제가 심각합니다. 무질서 그 자체입니다. 한마디로 개판입니다.

그러나 기독교(성경, 하나님)는 동거와 섹스와 이성 교제에 대한 분명한 질서와 기준과 원칙을 제시합니다. 동거와 섹스는 결혼한 이후 법적 배우자하고만 할 수 있습니다. 서로 좋아하고 사랑하는 것과는 무관하게 오직 결혼한 사이에서만 섹스를 허용합니다. 보통 남녀의 동거는 섹스와 무관하지 않습니다. 동거를 통해서 섹스한다면 동거는 간음으로 불허합니다. 따라서 기독교인이라면 결혼 전에는 어떠한 경우라도 동거와 섹스는 금해야 합니다. 배우자가 아닌 이성과 섹스를 하게 되면 간음죄를 범하는 것입니다. 결혼한 사람이 배우자가 아닌 이성과 섹스를 하게 되면 불륜이자 간통죄가 됩니다. 세상에서는 간통죄가 폐지되어 형사처벌은 면하지만 민사상 책임은 집니다. 물론 하나님은 반드시 심판하십니다. 결혼 전 동거도 금해야 합니다. 동거는 결혼한 이후입니다. 창세기 2장 24절입니다. 섹스도 결혼한 이후 배우자뿐입니다. **"이러므로 남자가 부모를 떠나 그 아내와 연합하여 둘이 한 몸을 이룰찌로다"** 출애굽기 20장 14절입니다. **"간음하지 말찌니라"**

또한 미혼자와 미혼자의 이성 교제(동성은 불허)는 정당하지만, 미혼자와 기혼자의 이성 교제, 기혼자와 기혼자의 이성 교제는 절대로 해서는 안 됩니다. 이는 불법이자 불륜입니다(배우자의 행동이 이상하다 싶으면 '탐정사무소'에 의뢰하면 됩니다). **'탐정들의 영업비밀'**에 의하면 탐정사무소를 찾아오는 자들의 80% 이상이 불륜 사건이라고 합니다. 배우자 외도를 의뢰하는 경우 비용이 백만 원에서 5백만 원 정도 합니다. 결혼을 전제로 만나는 이성 교제에서 제일 중요한 것은 상대방을 제대로 파악하는 것입니다. 성격적으로나 시간적으로 상대방에 대하여 검증에 자신이 없는 사람은 '탐정사무소'에 조사를 의뢰하면 좋습니다.

결혼 이후에도 배우자가 의심되는 경우도 탐정사무소에 조사를 의뢰하면 됩니다. 이는 배우자가 어떤 사람인지 정확히 알고 불행을 예방하기 위한 것으로 부정적으로 생각하거나 망설일 이유가 없습니다. 물론 비용이 들어갑니다. 자신이 조사가 가능한 사람은 스스로 하면 됩니다. 불륜은 자신도 망가지고 행복한 가정을 파괴하는 짓입니다. 이는 인간이 할 짓이 못됩니다. 오늘날 이런 무질서와 불법이 심각합니다. 의도적으로 기혼자에게 접근하여 가정을 파탄시키고 불륜을 저지르는 경우가 허다합니다. 위장 접근입니다. 기혼자이면서 미혼자인 것처럼 행세합니다. 기혼 남녀 모두 자기 배우자로 만족 못 하는 자들이 많습니다.

그래서 불륜에 빠집니다. 이는 전 세계적인 현상입니다. 언젠가는 전 세계가 소돔과 고모라처럼 될 것입니다. 우리나라도 불륜 공화국이 된 지 오래되었습니다. 불륜의 성지는 직장과 동호회라고 합니다. 반칙과 불법과 간음과 간통 행위는 처음엔 좋을지 몰라도 끝이 좋지 않습니다. 모두를 불행하게 만듭니다. 그리고 이성 교제(만남과 데이트)는 신앙과 가치관과 세계관이 잘 맞는 사람과 해야 안전하고 행복합니다. 기독교인들은 반드시 기독교인을 만나 교제하고 결혼해야 합니다. 유유상종(類類相從)해야 한다는 말입니다. 동물들이나 짐승들은 유유상종합니다. 불신자는 불신자들끼리 해야 합니다. 불신자와 기독교인은 전혀 맞지 않습니다. 신분과 정체성이 빛과 어두움, 물과 기름의 관계이기 때문입니다. 서로 좋아하고 사랑해도 맞지 않습니다.

기독교에서도 개신교인은 개신교인들끼리, 천주교인은 천주교인끼리 해야 합니다. 천주교와 개신교는 신앙 교리에서 큰 차이가 있기 때문입니다. 천주교 교리는 잘 몰라서 그렇지 바른 신앙고백에서, 성경에서 매우 심각하게 벗어나 있습니다. 이단적인 교리들이 많습니다. 그래서 천주교인과 개신교인도 잘 맞지 않습니다. 같은 개신교인이라도 신앙 색깔이 다르니 잘 검증해서 만나야 합니다. 예를 들어 순복음파와 개혁교회파는 잘 맞지 않습니다. 유튜브 중매 사이트를 보면 중년의 기독교인들도 적지 않게 나와서 이성을 구하는데 상당수가 신앙을 떠나서 만나겠다고 하는 것을 보았습니다. 불신자(무교)도 상관이 없다고 합니다. 이는 매우 위험하고 불신앙적인 자세입니다. 성경 지식과 하나님에 대한 무지입니다. 물론 만남과 이성 교제 그 자체는 가능하지만 결혼은 안 됩니다.

왜냐하면 예수님을 믿는 개신교인들은 성령 하나님의 지배와 통치를 받고 하나님의 계명에 따라 사는 자들입니다. 이에 반해 무교자들이나 다른 종교인들과 불신자들은 하나님의 계명이 아닌 악한 영인 사단의 지배와 통치를 받고 사는 자들입니다. 진리에서 먼 자들입니다. 이에 가치관이나 세계관이나 생각이나 마음이 전혀 다릅니다. 그래서 사사건건 충돌할 것입니다. 예수님을 믿는 사람은 빛이고 그 외 사람들은 어두움입니다. 빛과 어두움은 서로 공존이 불가능합니다. 사단은 하나님을 대적하는 악한 영, 미혹의 영입니다. 그러기에 신앙이 매우 중요하고, 예수님(하나님)을 믿는 자들은 동일한 신앙고백을 하는 자와 이성 교제와 결혼을 해야 안전하고 행복하게 됩니다. 불신자(무교인)와 만남에도 끝까지 신앙 변화가 없으면 헤어지고 결혼하지 말아야 합니다.

특히 성경에 의하면 불교, 이슬람교, 유교, 힌두교, 원불교 등의 타종교인은 우상 숭배자들이기에 아무리 사랑해도 결혼은 절대 불가합니다. 하나님은 우상 숭배를 가장 싫어하십니다. 기독교인 천주교(로마가톨릭교회)인들도 개신교인과 맞지 않습니다. 왜냐하면 천주교도 교리를 살펴보면 이단 사상이 많습니다. 정확히 몰라서 그렇지 아주 심각합니다. 마리아 우상화, 신격화, 무죄화 사상과 구원론도 치명적으로 심각합니다. 이를 어기면 고통과 불행과 눈물은 각오해야 합니다. 처음엔 감정에 끌려 좋을지 모르지만 끝이 좋지 않습니다. 이러한 사실은 오직 성경에서만 가르쳐 줍니다. 다른 종교와 사람들은 모릅니다.

그러므로 인생을 살면서 결혼 전에는 어느 이성과 동성이 섹스 유혹을 해도 잘 이겨 내야 합니다. 혹 섹스 욕망을 이겨내기 어려우면 빨리 결혼해야 합니다. 동거의 경우 동성이 아닌 이성과는 하지 않는 것이 안전합니다. 이성과 한집 안에서 동거를 하게 되면 성적인 욕망을 제어하기가 어려울 것입니다. 그래서 이성 간에는 동거하지 않는 것이 가장 안전하고 지혜로운 선택입니다. 이성 교제도 반드시 미혼 이성과만 해야 합니다. 기혼 이성과는 절대로 사귀지 말아야 합니다. 이는 비양심이고 악한 짓입니다. 불순한 짓입니다. 불륜으로 가는 지름길입니다. 기혼자 가정을 파괴하는 짓입니다. 그리고 개신교인은 반드시 개신교인과 교제해야 합니다. 진실로 거듭난 사람과만 교제하고 결혼해야 합니다. 외모와 조건과 감정에 끌려 무교자나 다른 종교인과 교제하고 결혼하면 불행과 재앙이 됩니다.

기독교를 제외한 모든 종교인과 불신자들은 서로 결혼해도 상관없습니다. 동일하게 사단의 지배와 통치를 받고 있기 때문입니다. 무질서한 동거와 섹스와 이성 교제는 나중에 반드시 그 대가를 치르게 됩니다. 죄의 삯은 사망과 심판입니다. 무엇이든지 뿌린 대로 거둡니다. 이것이 세상에서와 하나님의 일반원칙과 보응입니다. 무엇이든지 결과를 생각하고 행동해야 합니다. 그렇지 않으면 나중에 반드시 불행하게 되고 후회합니다. 그러니 마음이 가는 대로, 마음이 끌리는 대로, 마음의 욕망대로 살면 안됩니다. 기독교인이라면 언제 어디서나 항상 진리 안에 머물러 있어야 합니다. 자기 마음을 잘 다스리고 절제하며 살아가야 합니다.

제2장

비아그라 사용

비아그라(Viagra)란 미국의 제약 회사인 파이저 사가 개발한 남성 발기부전 치료제의 상표명을 뜻합니다. 성적 쾌락을 추구하는 사회로 접어들자 다양한 비아그라가 개발되어 애용되고 있습니다. 사람들이 여유롭게 되고 살만하면 추구하는 것이 성적 쾌락입니다. 이는 역사적인 현상입니다. 사람의 본능입니다. 그동안 남성 비아그라만 생산 판매되었습니다. 그런데 남성용 비아그라가 나온 지 30년이 지나서야 여성을 위한 유사 제품이 처음으로 시장에 등장했습니다. 미국 바이오테크 기업이 개발한 크림 제품은 비아그라와 같은 성분을 사용하며, 사용 후 10분 안에 효과가 나타난다고 알려졌습니다. 2025년 12월 11일(현지시간) 인디펜던트 보도에 따르면, 여성 건강 바이오테크 기업 데어 바이오사이언스의 과학자들이 성인 여성을 위한 성적 흥분 개선제 〈데어 투 플레이〉(DARE to PLAY)를 만들었습니다. 한 번 사용에 10달러(약 1만 4700원)가 드는 이 제품은 사용 후 단 10분 만에 효과가 나타난다고 합니다. 이 제품은 외용 크림 제품입니다. 질 부위의 혈류를 증가시키고 성적 흥분을 개선합니다. 데어 바이오사이언스는 이 크림을 성관계 10~15분 전에 사용해야 하며, 하루에 한 번만 바르라고 안내합니다(서울신문).

비아그라는 약물에 의한 인위적인 성적 흥분제입니다. 기본적으로 자연적인 성적 흥분이어야 안전합니다. 인위적인 자극을 주어 어떤 효과를 발생시키는 제품은 우리 몸에 반드시 부작용을 발생시킵니다. 이는 상식입니다. 마치 인위적으로 살 빼는 약이나, 인위적으로 마음을 즐겁게 만드는 마약을 복용하면 당장은 좋을지 모르지만, 나중에 심각한 후유증을 발생시키는 것과 같습니다. 예를 들어, 달리기입니다. 중고등학교나 청년 때와 중장년 때는 속도나 길이가 같을 수 없습니다. 젊었을 때는 빠른 속도로 장거리를 뛰어도 심장과 몸에 이상이 없습니다. 빨리 회복됩니다. 그러나 중장년이, 몸이 약한 사람이 청·장년처럼 빠르고 장거리 달리기를 하면 심장과 근육에 심각한 부작용이 생깁니다. 회복도 느립니다.

정상적인 부부 안에서 섹스도 마찬가지입니다. 섹스는 오직 부부 안에서만 해야 정당합니다. 그 외 결혼 전후의 섹스는 모두 간음과 간통으로 음란한 짓입니다. 이는 마치 선수가 경기 중 규칙대로 경기하지 않는 것과 같고, 경찰이나 검사나 판사가 법대로 수사와 기소와 재판을 하지 않는 것과 같습니다. 마트에서 정상적으로 대가를 치르지 않은 상품을 취하거나 먹는 것과 같습니다. 어느 집이나 아파트에 정식 계약도 하지 않은 상태에서 입주해 사는 자와 같습니다. 무슨 합리화를 해도 모두 불법입니다. 섹스도 부부 외 타인과 잠자리를 하는 것은 모두 불법입니다. 여하튼 젊었을 때와 중장년 때의 섹스는 전혀 다릅니다. 같을 수 없습니다. 섹스 횟수나 강도가 다를 수밖에 없습니다. 특히 섹스 횟수나 강도에 따라 심장과 몸에 무리한 타격을 줄 수 있습니다. 그 이후의 결과나 증상에 대해서는 상상에 맡기겠습니다.

비아그라가 필요한 사람이 있습니다. 마치 약과 건강식품이 필요한 사람이 있는 것처럼 말입니다. 필요한 사람은 제한적입니다. 보통 사람들이나 정상적으로 발기가 잘되거나 흥분이 잘 되는 사람은 사용할 필요가 없습니다. 이런 사람은 아예 사용하지 말아야 합니다. 의존성이 나타나기 때문입니다. 단, 젊은데 발기가 잘되지 않거나 조루증이 있는 사람입니다. 아니면 중·장년인데 발기가 잘 안 되는 자도 사용할 수 있습니다. 이때 중·장년이라고 할지라도 무리하면 큰일 납니다. 과욕, 탐욕을 부리면 심장에 치명적인 무리를 줍니다. 사망에 이를 수도 있습니다. 부작용이 따릅니다. 예수님은 탐욕을 부리는 자들에게 다음과 같이 경고하셨습니다. 누가복음 12장 15절입니다. **"저희에게 이르시되 삼가 모든 탐심을 물리치라 사람의 생명이 그 소유의 넉넉한 데 있지 아니하니라 하시고"** 골로새서 3장 5절입니다. **"그러므로 땅에 있는 지체를 죽이라 곧 음란과 부정과 사욕과 악한 정욕과 탐심이니 탐심은 우상 숭배니라"** 그래서 알맞게 사용해야 합니다. 나이와 건강 상태에 맞게 사용해야 합니다. 그래야 부작용과 후유증을 최소화할 수 있습니다.

그런데 정상적인 사람들도 성적 탐욕과 흥분을 위해서 비아그라를 남용합니다. 그런 자들은 나중에 반드시 후유증이 나타날 것입니다. 무엇이든지 무리하면 부작용은 필수입니다. 사람은 무엇이든지 정상적으로 살아가고 사용해야 합니다. 무절제한 삶은 자신을 파괴하고 망가뜨립니다. 대표적인 예가 무절제한 식사로 비만에 따른 성인병과 중독입니다. 물건이나 몸이나 무리하게 사용하면 반드시 고장 납니다. 병이 듭니다. 수명이 단축됩니다. 아무리 산해진미가 쌓여 있어도 적당히 먹어야 몸에 좋은 것처럼, 아무리 섹스를 하고 싶어도 적당히 해야 합니다. 과식하지 말아야 합니다. 비아그라를 남용하지 말아야 합니다. 그래야 과로사를 피할 수 있습니다. 가능하면 비아그라는 사용하지 않는 것이 안전하고 지혜로운 선택입니다. 약의 효과로, 인위적으로 흥분을 일으켜서 섹스하는 것은 정상적이지 않습니다. 나중에 중독됩니다. 무엇이든지 자연스럽고 정상적인 것이 좋습니다. 나이에 맞게 절제하며 사는 것이 지혜입니다.

제3장

부부의 기본

우리가 잘 아는 것처럼 결혼한 사람을 부부라고 합니다. 결혼하면 한 몸이라고 합니다. 둘인데 하나라고 합니다. 여기에 깊은 신비와 의미들이 내포되어 있습니다. 싱글일 때는 무엇이든지 자기 생각대로, 자기 고집대로 혼자만 고민하고 생각하며 살 수 있습니다. 자기만 생각하면 됩니다. 무슨 일이 있거나 무슨 일을 할 때 혼자 생각하고 결정해도 문제가 되지 않습니다. 무엇이든지 시종일관 자기 신념과 판단대로 실행하면 됩니다. 마치 테니스나 배드민턴 단식 선수가 경기가 시작되면 오로지 자기 판단대로만 경기하면 되는 것처럼 말입니다. 그러나 복식 선수로 경기에 나서면 둘이 한 몸처럼 시합해야 합니다. 단식 선수가 경기하듯이 시종일관 자기 생각대로만 하면 절대로 안 됩니다. 둘이 따로 경기하게 되어 필패입니다. 그래서 탁구나 배드민턴이나 테니스나 복식 선수들이 경기하는 모습을 보면 순간순간 둘이 서로 의견을 주고받으며 경기합니다. 그러면 경기가 자기들이 원하는 대로 잘 풀어집니다.

부부도 마찬가지입니다. 결혼한 부부는 배드민턴 복식 선수와 같습니다. 결혼한 부부에게 있어서 가장 중요한 기본은 대화, 나눔, 의논, 공유,

고락을 함께하는 것입니다. 왜 그래야 합니까? 한 몸이기 때문입니다. 한 몸은 기쁨도 슬픔도, 고민도, 숙제도, 부끄러움도, 자랑스러운 것도, 무거운 짐도 함께 짊어지는 관계이자 사이입니다. 그래서 아내가 슬퍼하면 남편도 슬퍼지고, 아내가 기뻐하면 남편도 기쁩니다. 한 몸이기 때문입니다. 한 몸이 아니라면 이런 감정을 느끼지 못합니다. 이런 면을 볼 때 부부는 신비한 존재입니다. 그런데 실제 삶에서는 단식 선수처럼 사는 배우자들이 적지 않다고 합니다. 무슨 말인가 하면, 어떤 고민과 숙제와 사업과 투자 등에 대하여 아내나 남편과 나누지 않습니다. 자기 혼자만 고민합니다. 독단으로 결정해 버립니다. 남편이나 아내는 모릅니다. 자기 혼자 은밀하게 책임지고 처리하려고 합니다. 아내 몰래, 남편 몰래 무엇을 합니다. 그러나 나중엔 다 알게 됩니다.

이에 배우자는 매우 서운하고 배신감을 느낍니다. '나는 어떤 존재냐'고 말합니다. 타당한 문제 제기입니다. 부부는 비밀이 없어야 합니다. 어떤 일을 하든지 사전에 서로 깊이 의논해서 해야 합니다. 그래야 일이 잘되었을 때는 함께 기뻐하고, 일이 잘못되었을 때는 함께 지혜와 힘을 모아 대처해 갈 수 있습니다. 부부는 어느 한쪽이 문제가 발생하면 혼자만의 문제가 아닙니다. 부부 모두의 문제와 책임이기에 혼자만 무엇을 시작하거나 처리하면 안 됩니다. 이것이 부부입니다. 아내를, 남편을 위한답시고 혼자 몰래 그 무엇을 시작하는 것은 지혜가 아닙니다. 부부는 무엇이든지 항상 고락을 함께 나누어야 합니다. 그래서 둘인데 한 몸입니다. 배우자가 알면 큰일 날 일이라도 서로 알리고 나누어야 합니다. 그래야 나중에 더 큰 문제로 확대되지 않습니다. 한 사람의 지혜와 생각보다 둘의 지혜와 생각을 나누면 배가 됩니다. 그래서 부부는 무엇이든지 감추지 말고 함께 나누고 대화하여 실행해야 합니다. 그러면 기쁨은 배가 되고 슬픔과 고통은 반으로 줄어듭니다.

지금까지는 어떻게 살아왔든지 지금부터라도 결혼한 부부는 복식 선수들처럼 수시로 의논하고 대화하며 살아가야 합니다. 서로 투명해야 합니다. 그렇게만 하면 부부는 환상적인 복식 부부가 됩니다. 여러 일을 더 잘 풀 수 있습니다. 전도서 4장 9~12절입니다. **"두 사람이 한 사람보다 나음은 저희가 수고함으로 좋은 상을 얻을 것임이라 혹시 저희가 넘어지면 하나가 그 동아줄을 붙들어 일으키려니와 홀로 있어 넘어지면 붙들어 일으킬 자가 없는 자에게는 화가 있으리라 두 사람이 함께 누우면 따뜻하거니와 한 사람이면 어찌 따뜻하랴 한 사람이면 패하겠거니와 두 사람이면 능히 당하나니 삼겹줄은 쉽게 끊어지지 아니하느니라"** 창세기 2장 18절입니다. **"여호와 하나님이 가라사대 사람이 독처하는 것이 좋지 못하니 내가 그를 위하여 돕는 배필을 지으리라 하시니라"** 하나보다 둘이 낫습니다. 부부는 서로 상부상조 관계이면서 보완관계입니다. 한 사람은 언제나 불완전합니다. 그래서 결혼한 부부들은 시시콜콜한 것과 일과를 나누어야 합니다. 어떤 계획 등을 진지하게 의논해야 합니다.

서로가 갈등이 있을 때도 하루가 지나기 전에 신속하게 대화를 통해서 풀어야 합니다. 어느 한쪽에서 일방적으로 말하고 무조건 따라오라고만 하거나, 통지만 하는 경우는 최악입니다. 서로 충분히 의제를 놓고 의논과 대화와 나눔을 갖되 최종 결정은 부부의 대표자이자 머리인 남편이 하도록 하면 됩니다. 아무리 감추고 싶은 이성 문제와 돈 문제라 할지라도, 실수하고 잘못한 것일지라도 솔직하게 말해야 합니다. 혼자 고민하면서 처리하려고 하지 말아야 합니다. 어떤 배우자는 혼자 숨기고 고민하다가 자살해 버립니다. 자살해 버리면 더 큰 잘못을 하게 됩니다. 문제는 문제대로 그대로 남고, 배우자와 자녀들은 치명적인 상처와 충격과 배신감과 아픔을 평생 지니게 됩니다. 이는 사랑이 아닙니다. 이기적인 자세입니다. 들어가는 문이 있으면 나오는 문도 있는 법입니다. 아무리 힘든 문제도 부부가 머리를 맞대면 해법이 나타납니다.

그러니 어떤 무거운 문제 앞에서도 극단적인 선택을 하지 말고, 배우자에게 다 털어놓고 해법을 찾아야 합니다. 왜 그래야 합니까? 고락을 함께 해야 할 운명공동체이기 때문입니다. 배우자의 문제는 좋은 일이든 나쁜 일이든 시간이 지나면 다 수면 위로 드러나게 되어 있습니다. 부부에게 있어서 가장 안 좋은 경우는 거짓말, 숨기는 것입니다. 혼자 고민하는 것입니다. 무엇이든지 솔직하게 고백하고 의논해야 합니다. 그러면 최악은 피하면서 좋은 결과로 이어질 수 있습니다. 부부는 무조건 침묵하고 입을 닫고 사는 것이 무게가 있는 배우자가 아닙니다. 부부의 기본은 무엇이든지 터놓고 대화, 의논하는 것임을 잊지 말아야 합니다.

부부는 서로 투명해야 합니다. 예측이 가능해야 합니다. 부부 안팎과 집 안팎에서 무엇을 하고 사는지, 어떤 고민과 계획이 있는지 공유해야 합니다. 좋은 것이든 안 좋은 것이든 혼자 끙끙거리지 말고 나누어야 합니다. 드라마를 보면 기혼자가 어떤 고민과 문제가 있을 때 혼자 술집에 가서 술을 마시며 잠시나마 술로 고민을 풀려고 하는 장면이 종종 나옵니다. 술집에 가거나, 지인을 만나서 고민을 말하거나, 술로 풀려고 하지 말고 배우자와 터놓고 의논해야 합니다. 그것이 부부, 한 몸입니다. 사생활 존중을 운운하며 서로 비밀리에 살아가는 것은 부부가 아닙니다. 한 몸 개념이 아닙니다. 부부에 대해서, 한 몸 됨에 대한 이해가 부족한 사람입니다. 결혼해서도 사생활 운운하며 비밀을 가지고 살 것 같으면 결혼하지 말고 살아야 합니다. 부부가 서로 불확실하면 의심하게 되고 답답합니다. 국가 정책이나 사업이 예측 가능해야 하는 것처럼 부부생활도 그래야 합니다. 그런 부부가 건강한 부부, 정상적인 부부입니다.

제4장

부부 금기

모든 영역마다 금기사항이 있습니다. 금기(禁忌)란 '반드시 꺼리어 피해야 하는 것'을 의미합니다. 운동선수의 금기는 술과 담배와 무절제한 삶입니다. 이를 지키지 않으면 선수 생명이 오래가지 못하고, 좋은 성적을 낼 수 없습니다. 공무원의 금기는 뇌물을 받고 구부러지게 행정을 처리하는 것입니다. 이런 공무원은 오래가지 못하고 징계를 받습니다. 판사의 금기는 불공정한 재판입니다. 이런 판사는 판사가 아니라 장사꾼입니다. 소금의 금기는 짠맛을 잃는 것입니다. 짠맛이 없는 소금은 소금이 아니라 쓰레기입니다. 설탕의 금기는 단맛입니다. 단맛을 잃은 설탕은 이물질에 불과합니다. 부부에게도 금기가 있습니다. 선수라고 해서 다 선수가 아니듯, 부부라고 해서 다 부부가 아닙니다. 부부가 되면 절대적으로 금기할 것이 있습니다.

그중에서도 가장 핵심적인 금기사항은 불륜과 폭력입니다. 이 둘은 절대로 배우자를 사랑하는 행위가 아닙니다. 배우자를 소중하게 여기지 않는 명백한 증거입니다. 이혼 사유의 상당수가 배우자 불륜(간음, 간통, 외도, 바람, 음행)이라고 합니다. 배우자의 불륜은 배우자에 대한 배신입니다. 결혼식 때의 공개 서약에 대한 약속과 계약 위반입니다. 계약 파기입니다. 배우자에게 가장 치명적으로 상처와 충격과 아픔과 씻을 수 없는 고통을 주는 악한 짓입니다. 그렇게 좋아하고 사랑해서 결혼했으면, 결혼 서약에서 배우자만 바라보고 사랑하며 살겠다고 약속했으면 그렇게 살아야 합니다.

그런데 이런저런 환경과 이유로 배우자 몰래 다른 여성이나 남성과 음행을 저지릅니다. 이는 최악의 배우자입니다. 잘못된 만남입니다. 우리나라는 불륜 공화국이 되었습니다. 이에 TV 드라마에서도 이 같은 사회 환경을 반영하던 불륜 드라마가 방영되어 크게 인기를 얻기도 했습니다. 대표적으로 〈내 남자의 여자〉(SBS, 2007), 〈부부의 세계〉(JTBC, 2020), 〈밀회〉(JTBC, 2014), 〈애인〉(MBC, 1996) 등 불륜 드라마가 미화되고 히트하자 불륜 자들이 더욱 늘어난 것으로 추정합니다. 전적으로 부패하고 타락한 사람들은 폭력과 불륜 성향이 잘 맞기에 관심을 품고 잘도 따라 합니다. 순결하게 살고 있던 부부들도 영향을 받습니다. 히브리서 13장 4절입니다. **"모든 사람은 혼인(결혼)을 귀히 여기고 침소(잠자리)를 더럽히지 않게 하라 음행하는(음란한) 자들과 간음하는 자들(바람피우는 사람들)을 하나님이 심판하시리라"** 출애굽기 20장 14절입니다. **"간음하지 말찌니라"**, **"배우자 아닌 사람과 잠자리하지 마라"**(새한글성경) 출애굽기 20장 17절입니다. **"네 이웃의 집을 탐내지 말찌니라 네 이웃의 아내나 그의 남종이나 그의 여종이나 그의 소나 그의 나귀나 무릇 네 이웃의 소유를 탐내지 말찌니라"**

이는 배우자에게뿐만 아니라 자녀들에게도 엄청난 상처와 충격과 스트레스와 수치를 줍니다. 자신은 물론 배우자와 자녀들에게 씻을 수 없는 테러를 가한 것입니다. 부당하고 불법적인 불륜은 어떤 경우에도 정당화될 수 없습니다. 아무리 미화해도 사랑이 아닙니다. 단지 서로 성적인 탐욕에 빠진 음행에 불과합니다. 불륜은 언젠가 반드시 불행하게 끝납니다. 가정과 가족이 해체되고 모두에게 아픔과 상처만 주고 끝납니다. 비정상이고 불법이기 때문입니다. 그런즉 결혼한 사람은 절대로 다른 이성에게 마음과 눈을 돌리지 말아야 합니다. 일편단심으로 배우자만 바라보아야 합니다. 그럴 자신이 없으면 결혼을 유보하거나 하지 말아야 합니다.

또 하나는 폭력입니다. 이것을 테러라고 합니다. 대표적으로 언어폭력과 신체 폭력입니다. 심한 욕설과 무시의 말을 합니다. 아니면 주먹과 발과 어떤 도구로 배우자에게 폭력을 행사합니다. 이런 경우 힘이 없는 쪽이 당합니다. 폭력을 당하는 쪽은 자존감과 살 의욕이 다 무너집니다. 우울증에 빠집니다. 이는 배우자를 사랑하는 짓이 아닙니다. 더 나아가 짐승과 같은 배우자입니다. 성경은 이웃과 배우자를 자기 몸을 사랑하듯 사랑하라고 합니다. 이는 신앙을 떠나서 인간으로서의 기본과 상식입니다. 이런 기본과 상식이 없는 사람은 인간 이하이자 짐승입니다. 절대로 해서는 안 되는 짓입니다. 부부의 모든 갈등과 충돌은 합리적인 대화로 풀어가야 합니다. 폭력이 동원되어서는 안 됩니다. 대화가 안 되어 답답하면 침묵하는 것이 낫지, 화가 난다고 폭력을 행사하는 것은 절대로 금해야 합니다. 배우자에게 폭력을 행사하는 순간 부부의 신뢰와 관계는 깨져버립니다. 골로새서 3장 19절입니다. **"남편들아 아내를 사랑하며 괴롭게 하**

지 말라" 에베소서 5장 25절입니다. **"남편들아 아내 사랑하기를 그리스도께서 교회를 사랑하시고 위하여 자신을 주심같이 하라"**

부부가 금기해야 할 사항이 여러 가지가 있지만, 불륜과 폭력만큼은 절대로 해서는 안 됩니다. 서로 사랑하고, 존중하고, 아끼고, 배려하고, 오순도순 살려고 결혼했지, 불륜과 폭력을 행사하려고 결혼한 것이 아닙니다. 그러니 결혼 전에 결혼과 부부에 대하여 깊게 숙고해야 합니다. 배우자를 자기 몸처럼 사랑하고 다정하고 따뜻하게 살 자신이 없으면 결혼을 유보해야 합니다. 아예 하지 말아야 합니다. 불륜과 폭력을 행사하면 자신도 불행하게 되고, 배우자와 자녀들도 불행하게 되기 때문입니다. 특히 기독교인은 말할 것도 없습니다. 사람이면 사람으로 살아가야지 짐승으로 살아가는 것은 불행한 일입니다. 결혼 전에도 순결해야 하지만, 결혼 후에도 순결을 지켜야 합니다. 모든 것은 말과 대화로 풀어야 합니다. 폭력은 절대로 금해야 합니다.

제5장

사별과 이별의 긴긴 고통

유튜브 중장년 중매, 소개팅 채널을 두드리는 50대에서 80대까지의 적지 않은 여인들과 남성들을 보면 하나같이 외로워서 견디기 어렵다고 하소연합니다. 그래도 자녀들과 함께 살 때는 덜 외로웠는데 혼자 살게 되니 너무 외롭다고 말합니다. 이별하여 혼자 살아보지 못한 사람은 이런 마음을 잘 모릅니다. 이에 배우자를 찾기 위해서 노크를 했다고 고백하는 것을 영상을 통해서 보았습니다. 사별이든 이혼으로 인한 이별이든 그에 따른 외로움과 허전함과 상실감과 고통은 세월이 흐름에 따라 강도와 정도의 차이만 있을 뿐 오래갑니다. 사람에 따라서는 평생 갑니다. 이런 사실을 사별이든 이혼이든 간에 이별을 해 보지 못한 사람은 그 고통을 모릅니다. 설사 사별과 이혼을 했다고 하더라도 그 기간이 짧거나 별 고통 없이 바쁘게 지나간 사람은 그렇지 못한 사람을 이해하지 못합니다. 무정하고 무관심합니다. 좋은 사례나 나쁜 사례를 들면서 재혼을 해야 한다느니 재혼할 필요가 없다느니 하는 말을 쉽게 합니다.

우리 주변에는 사별과 이혼으로 이별의 고통 가운데 있는 자들이 매우 많습니다. 이들의 고통은 당해 보지 못한 사람은 충분히 공감하거나 이해하지 못합니다. 사람은 누구든지 자기가 직접 경험하지 못하면 모릅니다. 무관심합니다. 단적인 예로 아이를 낳아 보지 못한 사람이 아이를 낳아 양육하면서 주야로 힘든 시간을 보낸 사람에 대해 제대로 이해하겠습니까? 공감도 이해도 못 합니다. 그래서 양육 이야기는 자녀가 있는 주부들끼리 대화를 해야 공감하고 통합니다. 이제 사별과 이혼은 일상이 되었습니다. 누구도 예외가 되지 못합니다. 사별에 따른 이별의 아픔은 일생 중 한 번 이상은 반드시 겪어야 하는 필수가 되었습니다. 부모와 사별, 부부와 사별, 형제와 사별, 지인과 사별, 친구와 사별입니다. 이러한 사별은 나이를 초월합니다.

유치원 때, 초등학교 때, 사춘기 때, 청년 때, 중장년 때, 노년 때 경험합니다. 특히 어렸을 때 사별을 당하면 그 충격이 매우 큽니다. 특히 교회에 다니고 있던 어린 자녀들은 이해가 되지 않아 하나님을 원망하고 교회를 떠나기도 합니다. 이해가 안 될 것입니다. 사별은 그 고통과 아픔이 길게 갑니다. 정상적인 사별이 아닌 경우 그 상처와 아픔은 더 큽니다. 자살, 교통 사망, 일터에서 갑자기 사망, 돌발적인 심장질환 사망, 전사 등등 짧은 시간 내에 갑자기 당한 사망에 따른 이별은 그 충격이 큽니다. 이러한 사별의 근본 원인은 태초로 거슬러 올라갑니다. 그 원인이 하나님과 최초의 인간 사이에 있습니다. 원죄에 있습니다. 눈에 보이는 간접적인 사유가 사별의 직접적인 원인은 아닙니다. 원죄의 전가로 인한 형벌 차원의 사별입니다.

창세기 2장 17절입니다. **"선악을 알게 하는 나무의 실과(선악과)는 먹**

지 말라 네가 먹는 날에는 정녕 죽으리라 하시니라" 이 말씀은 천지를 창조하신, 지구를 창조하신 하나님께서 에덴동산에 최초의 사람 아담과 하와를 창조하신 이후 그들에게 경고하신 말씀입니다. 에덴동산에 있는 모든 과실은 마음대로 따서 먹되 동산 중앙에 있는 선악과는 따먹지 말라는 것이 하나님의 어명이었습니다. 그것을 따먹게 되면 반드시 죽을 것이라 미리 경고하셨습니다.

이는 창조주 하나님과 피조물인 인간과의 질서, 한계, 영역이었습니다. 지음을 받은 인간이 반드시 따라야 하는 헌법과 같은 하나님의 법이었습니다. 인류의 대표자인 아담과 하와에게 주신 명령입니다. 따라서 아담과 하와가 이를 어기면 아담의 후손인 전 인류에게 아담의 죄, 원죄가 전가될 것입니다. 물론 아담과 하와가 선악과를 따먹지 않으면 원죄도 없고 죽음도 없게 됩니다. 그러니까 하나님 말씀대로만 순종하고 살면 인간은 사망을 당하지 않게 지음을 받은 것입니다. 원죄를 짓기 전의 인간의 상태입니다. 그런데 안타깝게도 아담과 하와는 먹을 것이 전혀 부족하지 않았는데도 불구하고 뱀(사단을 상징)의 유혹을 이기지 못하고 어느 날 선악과를 따먹고 말았습니다. 뱀(사단)의 유혹, 거짓말은 이거였습니다. '선악과를 따먹어도 죽지 않아', '선악과를 따먹으면 너희 눈이 밝아 하나님과 같이 된다'는 것이었습니다. 이에 아담과 하와는 뱀(사단)의 달콤한 유혹에 흔들리고 넘어가서 선악과를 따먹고 말았습니다. 피조물인 자신의 분수와 신분과 자리를 모르고 과욕과 탐심을 부린 것입니다. 이는 단순히 선악과라는 실과 하나를 먹은 정도가 아닌 어명을 어긴 대역죄입니다. 창조주 하나님의 정의로운 명령을 피조물인 인간이 순종하지 않고 불순종한 것입니다.

이는 마치 왕조시대에 왕의 명령을 신하나 백성이 거부한 것과 같습니다. 그러면 곧바로 사약을 받아 죽임을 당했습니다. 아담과 하와가 하나님의 말씀을 불순종하여 선악과를 따먹자 전지전능하신 하나님께서 곧바로 아담과 하와에게 나타나시어 말씀하셨습니다. 이에 하나님께서는 불순종한 형벌을 내리셨습니다. 이는 인류의 대표자인 아담과 하와만의 형벌과 저주가 아니라, 그 후손들, 곧 전 인류에게 전가되어 형벌로 나타납니다. 그것이 고생하며 살다가 제한된 나이에 죽는 사망입니다. 이래서 누구나 죽는 것입니다. 이런 인류의 죽음이 하나님의 죽음 예언과 선언을 지지합니다. 창세기 3장 16~19절입니다. **"16) 또 여자(하와)에게 이르시되 내가(하나님) 네게(하와=여자) 잉태하는 고통을 크게 더하리니 네가 수고하고 자식을 낳을 것이며 너는 남편을 사모(기댐)하고 남편은 너를 다스릴 것이니라 하시고 17) 아담(남자)에게 이르시되 네가 아내의 말을 듣고 내가 너더러 먹지 말라 한 나무의 실과(선악과)를 먹었은즉 땅은 너로 인하여 저주를 받고 너는 종신토록 수고하여야 그 소산을 먹으리라 18) 땅이 네게 가시덤불과 엉겅퀴를 낼 것이라 너의 먹을 것은 밭의 채소(菜蔬, 밭에서 가꾸는 온갖 푸성귀)인즉 19) 네가 얼굴에 땀이 흘러야 식물을 먹고 필경은 흙으로 돌아가리니(죽으리니) 그 속에서 네가 취함을 입었음이라 너는(인간은) 흙이니 흙으로 돌아갈 것이니라 하시니라"**

인간은 흙으로 창조함을 받았습니다. 창세기 2장 7절입니다. **"여호와 하나님이 흙으로 사람을 지으시고 생기(영혼)를 그 코에 불어 넣으시니**

사람이 생령(생명체)이 된지라" 로마서 6장 23절입니다. "**죄의 삯은 사망이요 하나님의 은사(선물)는 그리스도 예수 우리 주 안에 있는 영생이니라**" 이런 근본과 원인 때문에 사람에게 사망이 이른 것입니다. 하나님(성경) 외에 사람의 존재와 출생과 원죄와 죽음에 대하여 자세하게 언급한 종교는 지구상에 없습니다. 모르기 때문입니다. 그러니까 질병, 자살, 타살, 사고사, 자연사 등은 모두 사망의 간접적인 이유일 뿐이고, 사망의 직접적인 원인은 원죄 때문입니다.

이젠 이혼(離婚)에 따른 이별입니다. 인간에게 대표적인 영원한 이별은 죽음과 이혼입니다. 사별의 고통 못지않게 이혼의 아픔도 긴긴 고통을 줍니다. 둘이 한 몸이 되었다가 찢어진 상태이기에 배우자의 빈자리, 상실감, 그리움, 외로움, 슬픔, 허전함, 고통, 공허함 등이 사별 못지않게 심합니다. 가수 양수경 등이 부른 〈채워지지 않는 빈자리〉라는 노래가 있습니다. 이별의 아픔을 노래한 곡입니다. "이젠 그리워할 수 없어요. 나의 사랑을 믿을 수 없어요. 떠나버린 그대의 빈자리 다시 채워질 수 없기에. 슬픈 이별도 하지 못하고. 아픈 눈물도 흘리지 못하고. 무심히 그대 보내야만 했던 그 순간이 미워요. 너무나 사랑했기에 말없이 보고 말았던 마지막 그대의 모습 정말로 이별이었나. 이제 와 후회할 수 없지만 차라리 울어나 볼 것을. 세월이 갈수록 안타까워지는 아쉬움이 싫어요." 그래서 가능하면 이혼은 하지 말아야 합니다. 그러나 사람에 따라 원치 않게 어쩔 수 없이 이혼합니다. 나름 다 견딜 수 없는 기막힌 사연이 있습니다. 이는 어디까지나 지음을 받은 사람의 입장입니다. 하지만 사람을 창조하신 하나님, 본래 부부로 짝을 지어 주신 하나님, 만물과 사람의 주인이신 하나님은 사별이 부부를 갈라놓는 것 외에 이혼은 금하셨습니다.

마태복음 19장 8절입니다. **"예수께서 가라사대 모세가 너희 마음의 완악함을 인하여 아내 내어 버림을 허락하였거니와 본래는 그렇지 아니하니라"** 마태복음 19장 6절입니다. **"이러한즉 이제 둘이 아니요 한 몸이니 그러므로 하나님이 짝이어 주신 것을 사람이 나누지 못할찌니라 하시니"** 사람 창조, 출생, 죽음, 결혼 모두 하나님께서 행하시고 섭리하시는 것입니다. 직접적으로 인간 스스로 한 것은 없습니다. 하지만 사람이 이런 사실을 잘 모르고 자기가 자신의 주인처럼 자기 마음대로 생각하고 행동합니다. 그래서 이혼을 자유롭게 합니다. 물론 성경은 배우자의 간음과 불신자 배우자가 신앙을 문제 삼아 이혼을 요구할 때는 허락합니다. 그 외 이유로 이혼은 허락하지 않습니다. 세상 민법은 폭넓게 이혼을 허락합니다.

사별이나 이혼에 따른 이별이나 혼자 살게 되면 여러 가지 후유증과 부작용이 발생합니다. 외롭고 힘들어도 줄곧 혼자 사는 사람도 있고, 몇 년, 몇십 년 후에 재혼하여 새롭게 사는 자들도 있습니다. 필자도 아내와 사별 후 혼자 살고 있는데 외롭고 적적한 것은 사실입니다. 어떤 모양으로 사나 일장일단이 다 있습니다. 사별이든 이혼에 따른 이별이든 모두 원죄와 불순종에 따른 저주와 형벌이기에 고통은 반드시 있습니다. 이는 형벌이기에 일생을 살면서 감당해야 합니다. 그래서 어느 삶이나 부부나 완벽한 상태는 없습니다. 모두 웃고 울고 삽니다. 나름 고통을 품고 삽니다. 이 세상에 사는 날 동안 모든 사람은 다양한 고통을 당합니다. 기독교인들도 예외는 아닙니다.

인간이 당하는 다양한 고통은 인류의 대표자인 아담과 하와가 하나님께 불순종한 원죄로 주어진 다양한 형벌이기에 피해 갈 수 없습니다. 남녀노소, 지위고하, 빈부귀천, 종교 유무, 민족과 나라를 떠나 모두 당합니다. 겉모습에는 모두 행복해 보여도 사실은 그렇지 않습니다. 각자 속으로 고통을 품고 삽니다. 그렇게 살다가 죽습니다. 물론 사람은 죽음으로 인생이 끝나지 않습니다. 내세(사후세계)라는 영원한 세계가 기다립니다. 자신이 원하든 원치 않든, 믿든 믿지 않든 내세에 들어가서 영원히 살게 됩니다. 그것이 한번 이 땅에 태어난 모든 사람의 인생입니다. 죽음으로 끝나지 않고 영원히 삽니다. 그래서 내세를 고민하고 대비하고 살라고 하는 것입니다. 아무튼 누구나 당하는 사별과 이혼에 따른 이별은 긴긴 고통을 당합니다. 이는 피할 수 없는 삶입니다. 그러니 이런 근본과 실상을 알고 의연하게 대처하고 견디며 살아가야 합니다.

제6장

미혼자와 기혼자가 반드시 알아야 할 것

당신은 이 세상에서 제일 중요한 것이 무엇이라고 생각합니까? 사는 날 동안 잘 먹고 마시고 날마다 즐겁게 살다가 죽으면 그만이라고 생각합니까? 물론 사람마다 다릅니다. 어떤 사람은 돈이 제일 중요하다고 합니다. 어떤 사람은 건강이라고 합니다. 어떤 사람은 자기 소유 집이라고 합니다. 어떤 사람은 안정적인 일자리라고 합니다. 어떤 사람은 유명한 사람이 되는 것이라고 합니다. 어떤 운동선수는 우승이라고 합니다. 어떤 정치인은 대통령이 되는 것이라고 합니다. 어떤 사람은 부자라고 합니다. 어떤 사람은 대기업에 취직하는 것이라고 합니다. 어떤 학생은 공부라고 합니다. 어떤 학생은 일류대학교에 입학하는 것이라고 합니다. 어떤 사람은 좋은 배우자를 만나는 것이라고 합니다. 다 중요하고 의미가 있습니다. 이런 것은 단지 이 땅에 살아 있을 동안에만 유효하고 효능감이 있는 것입니다. 병들고 죽어버리면 아무런 가치나 의미가 없는 것입니다. 잠시만 있다가 사라지거나 썩어 없어질 것입니다. 이는 속고 사는 것입니다. 그런데도 사람들이 추구하고 중요하게 여깁니다. 목숨을 걸고 얻으려고 합니다.

이런 것들은 살아있는 동안 현실에서 실제적으로 필요하고 중요한 것입니다. 어느 정도 있어야 합니다. 하지만 영원한 것은 아닙니다. 죽을 때 모두 남기고 갑니다. 생전에만 잠시 필요한 것들입니다. 인생에서 다른 질문과 의문이 있을 때는 이야기가 달라집니다. 어떤 질문과 의문입니까? 크게 두 가지입니다. 하나는 '사람은 죽으면 그것으로 끝인가?' 하는 것입니다. 또 하나는 '현세만 있지 않고 내세가 있는가?' 하는 것입니다. 이런 질문과 의문에 대한 답을 소유하지 못하고 사는 것은 칼날 위를 걷는 사람과 같습니다. 깊은 계곡에서 줄을 타는 사람과 같습니다. 엄청난 모험입니다. 영원한 생사가 걸린 문제입니다. 왜냐하면 만일 자신의 확신과 신념과 달리 죽음으로 끝나지 않고, 내세가 있는데 이를 대비하지 못하고 산다면 절망적이고 치명적인 재앙이기 때문입니다.

마치 개미가 겨울을 대비하지 않고 사는 것과 같습니다. 계절은 따뜻한 여름만 있는 것이 아니라 혹독한 겨울도 있습니다. 만일 개미가 겨울을 무시하고 여름에 신나게 놀기만 한다면 그 개미의 미래는 없을 것입니다. 겨울이 도래하면 굶어 죽거나 얼어 죽고 말 것입니다. 얼마 전 TV 조선에서는 〈다음 생은 없으니까〉(2025)라는 드라마를 방영했습니다. 제목 자체만 보면 현세만 있고 다음 생인 내세, 사후세계는 없다고 하는 것 같습니다. 이는 치명적인 착각이자 오염입니다. 개미가 겨울이 없다고 해도, 무지한 자들이 내세는 없다고 해도 죽음 이후에 내세에 들어가서 영원히 살게 될 것이기 때문입니다.

미혼자와 기혼자들에게 가장 중요한 것은 현실의 즐거움과 돈과 부자와 쾌락이 아닙니다. 화살처럼 빠르게 지나가는 100세까지의 현실이 아니라 영원히 사는 내세의 삶입니다. 현실도 즐겁고 행복하게 살아야 하지만, 이것만으로는 치명적인 약점이 있습니다. 돌이킬 수 없는 실수를 하는 것입니다. 죽음 이후에 영원히 행복한 내세와 영원히 고통만 당하는 내세가 기다리고 있기 때문입니다. 사람은 죽었다가 부활한 이후 누구나 이 둘 중의 한 곳으로 들어가서 영원히 살게 됩니다. 내세, 사후에 대한 대비 없이 현실만 있다고, 죽으면 끝이라고 그릇되고 오염된 지식과 신념을 갖고 산다면 최후에 인생의 실패자가 될 것입니다.

지구촌에는 수많은 종교와 종교인들이 있습니다. 그중 90% 이상을 차지하고 있는 종교들이 있습니다. 3대 종교입니다. 이 3대 종교는 죽음으로 끝나지 않는다고 믿고 가르칩니다. 내세(사후세계)가 있다고 믿고 가르칩니다. 기독교(천주교+개신교)와 이슬람교와 불교입니다. 그러나 기독교와 이슬람교와 불교의 죽음 이후 내세관은 전부 다릅니다. 같은 것 같으나 다릅니다. 불교(佛敎)는 기원전(B.C.) 5세기 초에 인도의 석가모니가 창시한 종교입니다. 석가모니가 수행과 해탈을 통해서 '부처'로 칭호를 받았습니다. 불교의 대도를 깨달은 사람에게 붙여 주는 이름입니다. 본래 부처라는 이름은 없었습니다. 본명이 석가모니입니다.

석가모니는 신(神)이 아니라 우리와 같은 사람입니다. 그 어떤 기도도 들어줄 수 없는 유한하고 불완전한 사람이었고, 죄인이었고, 지금은 죽어서 아무것도 들어주지 못하는 존재입니다. 돌과 청동으로 만든 부처상은 사람이 조각한 형상으로 생명이 없습니다. 산 사람들에게, 불자들에게 아무것도 들어주지 못하고 해결해 주지 못하는 존재입니다. 그래서 부처상

앞에서 아무리 기도하고 엎드려서 빌어도 소용이 없습니다. 이런 사실을 모르고 사람들이 부처상(우상) 앞에 나아가 불공을 드립니다. 불편한 말이지만 불자들은 이런 사실을 정확히 모르고 맹신하며 절하고 기도합니다. 석가모니라는 죽은 사람에게 절하고 기도하는 것입니다. 언제부터인가 석가모니를 숭배의 대상으로 신격화해 버린 것입니다. 불교에서는 석가모니가 수행을 통해 해탈했기에 현재 극락정토(천당)에 들어가 있다고 말합니다. 불교에서는 석가모니를 별칭으로 '부처님'이라고 명합니다.

불교에서 말하는 천당과 극락정토는 내세를 가리키는 용어입니다. 그러니까 불교에서도 현세만 있지 않고 내세가 있으며 그곳이 극락이라고 말합니다. 물론 불교에서도 복잡한 지옥도 있습니다. 극락에는 수행을 통해 해탈해야만 들어가고, 그렇지 못한 사람은 지옥에 들어가거나, 다시 이런저런 동물과 사람으로 환생한다고 합니다. 49재도 같은 의미입니다. 그래서 좋은 존재로 다시 환생하게 해 달라고 사후 49일째에 49재를 드립니다. 이와 맞물려 불교는 중요한 교리로 윤회 사상을 가르칩니다. 그러나 성경(하나님)에 비추어 보면 불교에서 말하는 천당이나 극락은 기독교의 천국과 지옥의 개념과는 전혀 다릅니다. 기독교와 불교의 공통점은 죽음이 끝이 아니라는 것과 현세 이후 내세가 반드시 있다는 것입니다.

이젠 이슬람교입니다. 이슬람교는 기원후(A.D.) 571년에 사우디아라비아 메카에서 출생한 사람 무함마드가 창시한 종교입니다. 이슬람교의 신은 '알라'입니다. 알라는 추상적인 신으로 유일신이기는 하지만 기독교의 하나님과는 전혀 다른 존재입니다. 이슬람 학자나 포교자들은 방송에 나와서 기독교의 하나님과 이슬람교의 알라는 같은 하나님이라고 하는데 이는 거짓이고 전혀 다릅니다. 이슬람교에서는 예수님을 구세주로, 하나님으로 인정하지 않습니다. 십자가의 죽음과 부활도 부정합니다. 그러나 기독교의 하나님은 성부 하나님+성자(예수님) 하나님+성령 하나님을 믿습니다. 이슬람교도 죽음 이후의 내세를 믿고 가르칩니다. 사람이 죽으면 죽음으로 끝나지 않고 다시 살아나서 사후세계인 천국과 지옥에 들어간다고 말합니다.

물론 기독교에서 말하는 천국과 지옥과는 전혀 아닙니다. 내세인 천국과 지옥에 들어가는 기준과 방식도 기독교와 전혀 다릅니다. 이슬람교는 사후세계인 천국에 들어가기 위해서는 **육신오행(六信 五行)**을 실천해야 한다고 행위 구원을 믿고 가르칩니다. 육신(六信)이란 여섯 가지를 믿어야 한다는 것으로 알라, 천사, 쿠란과 성서 등 신의 계시를 기술한 책, 예언자, 내세, 예정입니다. 오행(五行)이란 다섯 가지를 행하여야 한다는 것으로 신앙고백, 예배, 단식, 자선(종교세), 메카 순례입니다. 여기에 자살폭탄테러를 하면 천국에 들어간다고 가르칩니다. 나머지 사람들은 모두 지옥에 간다고 합니다. 기독교와 이슬람교의 죽음과 내세관은 전혀 다릅니다. 하지만 이슬람교와 기독교의 공통점은 불교처럼 죽음이 끝이 아니라는 것과 내세가 있다는 것입니다.

이젠 기독교(천주교+개신교)입니다. 그리스도교라고도 합니다. 기독교는 본래 영(靈)이시자 하나님이신 예수님께서(신성) 창조 전에 택함을 받은 자들의 죄(전 인류의 죄가 아닌 하나님의 친 백성들의 죄)를 대리운전이나 대리 숙제처럼 대리 속죄하기 위해서 인간의 몸으로(인성) 지금의 이스라엘 땅인 베들레헴에 성탄(聖誕)하셨습니다. 인류의 유일한 구세주이신 예수님은 기원후(A.D.) 3세기에 복음을 전하시며 유대 땅에 세우신 유일하게 산 종교이자, 예수 그리스도를 구세주로 믿는 종교입니다. 이런 사실을 이성적으로는 절대로 믿어지지 않고 오직 하나님께서 은혜(선물)로 주시는 믿음을 통해서만 알고 믿게 됩니다. 그전에는 누구도 믿지 못합니다. 기독교는 지구상에서 유일하게 하나님이신 예수님(구세주)께서 세우신 종교입니다. 그래서 기독교에만 신(하나님)이 있고 유일신 하나님을 믿는 종교입니다. 그 외 지구상에 존재하는 수많은 종교는 피조물인 사람이 세운 종교입니다. 신(神)이 아닙니다. 인간 창시자 사상을 추종하는 종교입니다. 이런 사실을 잘 모르고 종교를 추종합니다. 기원전(B.C.)과 기원후(A.D.)는 예수님의 성탄(성탄절, 성육신)을 분기점으로 나눕니다.

기독교도 죽음 이후의 세계인 내세가 있음을 믿고 가르칩니다. 기독교의 내세관은 최종적으로 오직 천국과 지옥뿐입니다. 천국은 오직 인류의 유일한 구세주인 예수 그리스도를 믿음으로만 들어갑니다. 선행이나 인간의 행위가 전혀 개입되지 못합니다. 그래서 하나님의 은혜(선물)라고 합니다. 세상 종말 전까지 죽은 사람은 낙원 아니면 음부로 들어간다고 합니다. 낙원(樂園)은 임시적 천국(낙원과 천국의 중간상태)으로 지상에서 예수님을 믿다가 죽은 자의 영혼만 들어가 잠시 머무는 곳입니다. 음부(陰阜)는 임시적 지옥(음부와 지옥의 중간상태)으로 지상에서 예수님을 믿지 않고 살다가 죽은 모든 영혼이 들어가 잠시 머무는 곳입니다. 세상 종말(끝)에는 변화된 육체와 낙원이나 음부에 있던 영혼이 재결합한 이후 부활하여 영원히 사는 천국 아니면 지옥에 들어갑니다.

이곳을 '본향' 곧 '본천국'과 '본지옥'과 '새 하늘과 새 땅'이라고 합니다.
예수님을 믿지 않고 살다가 죽은 모든 사람은 사후세계인 지옥(본지옥)에
들어가서 영원히 고통 가운데 사는데 이것을 영벌, 둘째 사망이라고 합니
다. 예수님을 믿고 살다가 죽은 모든 사람은 천국(본천국)에 들어가서 하
나님을 경배하며 영원토록 행복하게 삽니다. 이것을 영생이라고 합니다.
요한복음 5장 24절입니다. **"내가(예수님) 진실로 진실로 너희에게 이르노
니 내 말을 듣고 나 보내신 이를 믿는 자는 영생을 얻었고 심판에 이르지
아니하나니 사망에서 생명으로 옮겼느니라"** 요한계시록 21장 8절입니다.
**"그러나 두려워하는 자들(박해와 핍박을 이겨내지 못한 신자들)과 믿지
아니하는 자들과 흉악한 자들과 살인자들(자살+타살자들)과 행음자들(음
란한 짓하는 자들)과 술객들(점술가들, 주술사들)과 우상 숭배자들과 모
든 거짓말하는 자들은 불과 유황으로 타는 못(지옥)에 참예하리니 이것이
둘째 사망(지옥의 삶)이라"**

가수 최진희 씨는 사별한 자와 다시 만남을 노래한 〈천상재회〉를 불렀
습니다.

"그대는 오늘 밤도 내게 올 순 없겠지, 목메어 애타게 불러도 대
답 없는 그대여, 못다 한 이야기는 눈물이 되겠지요. 나만을 사랑
했다는 말 바람결에 남았어요. 끊을 수 없는 그대와 나의 인연은
운명이라 생각했죠. 가슴에 묻은 추억의 작은 조각들 되돌아 회

상하면서 천상에서 다시 만나면, 그대를 다시 만나면, 세상에서 못다 했던 그 사랑을 영원히 함께할래요. 끊을 수 없는 그대와 나의 인연은 운명이라 생각했죠. 가슴에 묻은 추억의 작은 조각들 되돌아 회상하면서 천상(天上)에서 다시 만나면, 그대를 다시 만나면, 세상에서 못다 했던 그 사랑을 영원히 함께할래요. 세상에서 못다 했던 그 사랑을 영원히 함께할래요.”

사람은 누구나 사후 종말에 부활하여 천상에서 다시 만날 수도 있고 만나지 못할 수도 있습니다. 그러나 누구는 기쁜 만남을, 누구는 고통스러운 만남을 가질 것입니다. 예수님에 대한 신앙 여부에 따라 부부나 가족도 다시 만날 수 있고, 만나지 못할 수도 있습니다. 인류의 유일한 구세주인 예수님을 믿지 않고 사망한 자들은 예수님을 믿고 살다가 죽은 가족과 천상에서 만나지 못합니다. 물론 예수님을 믿고 살다가 죽은 가족은 천상에서 반드시 다시 만나게 됩니다. 세상 종말 전에는 낙원과 음부에서, 세상 종말에는 천국과 지옥에서 영원히 동거나 이산가족으로 살게 됩니다.

그리고 가수 임재범 씨는 헤어진 자를 간절히 그린 **〈그대는 지금 어디에〉**를 불렀습니다.

“지금도 기억 속에 남겨둔 그대 눈물, 이제는 가슴속에 묻혀만 두긴 싫어, 떠나야 했던 것도 모두가 우연일까. 비 오는 거릴 보면 그대 다시 떠올라, 아직도 함께했던 그 많은 시간들을 그리며, 나의 한숨 시간 속에 남아, 나를 눈물짓게 해, 돌아올 그대 모습 그려 보는, 너무나도 행복해진 나는, 자꾸 눈물이 나는지 그대는 어디에, 떠나야 했던 것도 모두가 우연일까, 비 오는 거릴 보면 그대 다시 떠올라, 아직도 함께했던 그 많은 시간들을 그리며, 나의 한숨 시간 속에 남아, 나를 눈물 짓게 해, 돌아올 그대 모습 그려 보는 것만으로, 너무나도 행복해진 나는, 자꾸 눈물이 나는지 그대는 어디에"

〈그대는 어디에〉라는 노래 가사처럼 사망한 자들은 누구도 모르는 어느 곳에 있는 것이 아닙니다. 사람들은 사람이 죽으면 육체는 화장이나 매장을 하지만, 눈에 보이지 않는 영혼(영+혼, 넋)은 어디로 가는지 정확하게 모릅니다. 그래서 각기 다르게 생각하고 주장합니다. 성경(하나님)은 이에 대하여 분명하게 답합니다. 사람은 죽으면 곧바로 임시적 천국인 낙원 아니면 임시적 지옥인 음부에 들어가서 세상 종말을 기다립니다. 이곳을 중간상태라고 합니다. 그리하여 세상 종말에는 지상의 변화된 육체와 낙원과 음부에 있던 영혼이 재결합한 상태로 부활하여 천상에서 불신자들은 인류의 재판장이신 예수님에게 심판을 받고 영원한 고통의 장소인 지옥에 들어갑니다. 유죄가 확정된 자들이 교도소(감옥)에 들어가는 것처럼 말입니다.

예수님을 믿고 살다가 죽은 자들은 특별사면을 받아 심판을 받지 않고 곧바로 천국으로 입성합니다. 사후에 다시 천상에서 기쁘고 행복하게 해후할 수 있는 길은 단 하나뿐입니다. 예수님을 믿어야 낙원이나 천국에서 다시 만나 영원히 행복하게 살게 됩니다. 예수님을 믿지 않다가 죽으면 사후에 예수님을 믿었던 가족과 다시 만나지 못합니다. 영원히 헤어져서 살게 됩니다. 천국과 지옥은 서로 왕래가 불가능한 곳입니다. 앞에서도 언급했지만, 사람은 죽으면 육체는 땅에 남지만, 영혼은 곧바로 임시적 천국인 낙원 아니면 임시적 지옥인 음부로 들어가 머물러 있습니다. 죽은 사람은 알 수 없는 어디로인지 사라지거나 숨어 버리는 것이 아닙니다. 그리고 죽은 사람은 하늘에서나 어디에서나 이 땅의 남은 가족이나 사람들을 보지 못합니다.

미혼자와 기혼자가 반드시 알아야 할 것은 죽으면 끝이 아니라는 것과 현세만 있지 않고 반드시 내세(사후세계)인 천국과 지옥이 있다는 것입니다. 이런 사실이 불편한 자들도 있고, 무시하는 자들도 있고, '그런 것이 어디 있어!'라고 외면하는 자들도 있고, 고민하는 자들도 있을 것입니다. 믿는 자들도 있고 불신하는 자들도 있을 것입니다. 그것은 각자의 마음과 주권입니다. 깊이 고민하고 상고해 보기 바랍니다. 개미처럼 미래, 겨울을 대비하는 자가 지혜로운 사람입니다. 사람은 누구나 다양한 부분에서 자신에게 속고, 타인에게 속고 삽니다. 자신이 알고 있고 확신하는 지식이 언제나 정답은 아닙니다. 정답과 진실과 진리는 하나이기에 누군가는 속고 사는 것입니다. 그러니 누구에게나 오판과 오류가 있음을 인정하고 겸손하게 살아야 합니다. 간절히 바라기는 이 땅에서의 유한한 각종 생명보험, 실손보험, 암보험만 들 것이 아니라, 예수님을 만나고 믿어 사후세계에 대한 영원한 생명보험을 들기 바랍니다. 안 믿어지면 어쩔 수 없습니다. 믿음 여부는 강제로 되는 것이 아닙니다. 자기의 지식과 신념이 전부고, 정답이라고 확신하는 사람처럼 어리석은 사람은 없습니다.

제7장

낙태(落胎, 임신중절수술)

　　현재 전 세계는 친모와 의사가 공모하여 엄청난 태아들을 죽이는 낙태(친자 태아 살인)를 자행하고 있습니다. 해마다 낙태로 인하여 죽어 가는 어린 생명이 수백만 명 이상입니다. 미국의 전 해리스 부통령(민주당 대통령 후보)은 2024년 7월 낙태와 관련하여 이런 주장을 했습니다. **"우리는 트럼프의 극단적인 낙태 금지령을 중단할 것"**이라며 **"여성은 자신의 몸에 대한 결정권을 가지며, 정부가 무엇을 해야 할지 지시해선 안 되기 때문"**이라고 말했습니다. 진리(성경)에 반하는 주장입니다. 이어 **"의회가 생식의 자유(낙태권 보장 등)를 회복하는 법안을 통과시키면 미국 대통령으로서 그 법에 서명할 것"**이라고 강조했습니다. 바이든 전 대통령은 가톨릭 신자이고, 해리스 전 부통령은 개신교(침례회) 신자입니다. 바이든도 낙태를 지지했습니다. 이는 성경(하나님)에 정면으로 반하는 주장입니다. 하나님의 뜻을 거스르겠다는 주장입니다. 생명에 대한 지식이 없는 기독교인들입니다.

　　하나님과 성경에 대한 무지한 사이비 기독교인들입니다. 프란체스코 교황은 2024년 9월 13일 카멜라 해리스 미국 전 부통령(민주당 대선 후보)과 도널드 트럼프 전 미국 대통령 모두 생명을 중시하지 않는다고 비판했다고 뉴욕타임스(NYT)가 보도했습니다. 성경을 보더라도 진리를 어설프게 알거나 잘 모르면 도리어 하나님과 기독교를 대적하는 언행을 합니다. 유대인들이 그리했고, 과거 역사에서 천주교가 그리했습니다. 그 결과 많은 사람들을 죽였습니다. 진리에 대하여 무지하거나, 어설프게 알거나, 무지하면 도리어 하나님을 대적하고 사람들을 죽입니다. 오늘날 국내외 일부 기독교인들도 마찬가지입니다. 그래서 기독교인들은 성경과 역사적인 바른 신앙고백들을 잘 배우고 알아야 합니다.

여성의 자기 몸에 대한 결정권이나 생식의 자유(낙태권)는 오직 진리(성경, 하나님) 안에서만 가능합니다. 왜냐하면 생명의 주인은 여성이나 부모가 아닌 생명을 만드시고 주신 하나님이고, 인간은 주인의 뜻을 따르는 피조물에 불과한 자들이기 때문입니다. 부모는 자녀의 주인이 아닙니다. 단지 자녀 출생의 통로만 되었을 뿐입니다. 착각하지 말아야 합니다. 바이든이나 해리스나 모두 신앙관이나 가치관이나 세계관이 하나님 중심이 아닌 부패하고 타락한 사람 중심이라고 할 수 있습니다. 사람은 하나님을 위하여 창조되었고 존재합니다. 사람을 위하여 사람을 창조한 것이 아닙니다. 성경에 비추어 보면 낙태와 낙태약 복용은 살인입니다. 날마다 수많은 사람들이 인간의 탈을 쓰고 짐승만도 못한 짓들을 자행하고 있습니다. 전쟁보다 더 처참하고 심각한 살인을 저지르고 있습니다. 현재 우리나라뿐만 아니라 전 세계적으로 낙태와 낙태약 복용은 아주 심각한 상황입니다. 사후피임약인 낙태약은 단순한 일반약품이 아닌 살인 약입니다. 이미 정자와 난자가 수정되어 자궁에 착상한 태아(생명)를 죽이는 것입니다.

전 세계적으로 낙태(인공임신중절)의 수가 어마어마합니다. 2017년 통계인 프랑스의 경우 가임기 여성 1,000명당 15명이 낙태를 했고, 한국은 2010년 통계(보건복지부)로 15.8명이 낙태를 했습니다. 2010년 프랑스의 낙태 건수는 22만 5,792건이었고, 한국의 경우 109만 5,000건(대한산부인과의사회 추정), 16만 8,738건(보건복지부 추정)이었습니다. 한국 여성들의 30% 정도가 낙태 경험이 있다고 합니다. 이 말은 30% 정도의 여성들이 친자 태아 살인을 저질렀다는 말입니다. 아주 끔찍한 일입니다. 자기 자식을 의사나 수술자와 공모하여 태아 인간을 자기 마음대로 죽인 것입니다. 모두 살인자들입니다. 지금도 자기 자식을 죽이고 있는 자들이 수두룩합니다. 성폭행당해 임신했다고, 원치 않는 임신이라고, 먹고 살기 힘들고 키우기 힘들다고 낙태(살인)합니다. 사람을 쓰레기 버리듯 처리하여 버리고 있습니다.

낙태는 친자 태아 살인입니다. 이 무서운 죄를 어찌 감당하려고 그러는지 모르겠습니다. 전 세계적으로 보면 해마다 수천만 명이 낙태로 죽어가고 있습니다. 동성애와는 비교 자체가 되지 않습니다. 동성애 반대도 해야 하지만, 낙태 반대 운동을 펼쳐야 합니다. 우리나라의 경우 대한산부인과의사회가 추정한 기준으로 보면 1년에 109만 명이 넘으니, 10년이면 1,000만 명 이상의 어린 생명(태아들)이 친부모와 의사들의 공모와 합작으로 죽임을 당하고 있습니다. 10년이면 서울시 인구에 해당하는 수의 태아들이 죽임을 당하고 있다는 계산이 나옵니다. 그것도 친부모에 의해서 말입니다. 엄청난 살인 숫자가 아닐 수 없습니다. 그 어느 전쟁에서 죽는 수보다 많습니다. 참으로 잔인무도한 태아 살인 상황입니다.

요한계시록 21장 8절

"살인자들(낙태+자살+타살)과 행음자들(간음+간통자들)과 술객들(점술가들+주술자들)과 우상 숭배자들과 모든 거짓말 하는 자들은 불과 유황으로 타는 못(지옥)에 참예하리니 이것이 둘째 사망(사후 지옥 생활)이라"(과거 음란의 도시 소돔과 고모라와 그 주변 도시가 하나님께서 하늘에서 내리신 불과 유황으로 불타 전멸당했다.)

이런 사실에 비추어보면 천인공노(天人共怒, 하늘과 사람이 함께 분노)할 일입니다. 하나님의 진노가 하늘을 찌를 것입니다. 인격과 양심이 있는 인간들이 아닙니다. 양심이 없는 짐승만도 못한 자들입니다. 짐승들도 낙태하지 않습니다. 이성과 양심을 가진 인간들이 자유롭게 섹스를 즐기고는 책임은 지지 않습니다. 생명을 물건 취급합니다. 자녀를 자기 소유로 착각합니다. 쾌락만 누리고 이런저런 비겁한 핑계와 합리화를 하면서 낙태(살인)합니다. 아주 이기적이고 무책임한 자들입니다. 왜 천인공노할 일입니까? 낙태(落胎, 태아를 인위적으로 떼어서 없앰)는 '친자 태아 살인'이기 때문입니다. 태아는 어떤 경우에도 사람(인간)입니다. 정자와 난자가 수정하여 여자의 자궁에 착상되는 순간 신체가 미성숙했거나 성장이 덜 되었지만, 영혼과 미숙한 육체가 결합된 사람입니다. 임신 기간이 사람됨의 여부를 결정하는 기준이나 척도가 아닙니다. 배추 됨의 여부가 싹이 나온 시간이나 기간으로 정하지 않는 것과 같습니다. 배추 씨앗을 땅에 뿌리면 싹이 나옵니다. 살아서 난 싹 자체가 배추입니다. 씨앗에서 난 싹이 배추가 아니라고 하여 다 없애버리면 이 땅에 배추는 존재하지 않습니다. 배추김치는 영원히 구경하지 못할 것입니다.

배추 싹과 성장한 배추는 본질상 동일한 배추입니다. 배추 싹이 아닌 것이 어느 시점에서 갑자기 돌변하여 배추가 되는 것이 아닙니다. 씨앗이 발아되는 순간부터 배추입니다. 배추다워야 배추가 아닙니다. 단지 칭하는 용어만 다를 뿐이지 동일한 배추입니다. 배추나 사람이나 발아 정도나 크기, 임신 기간을 떠나 처음부터 배추이고 사람입니다. 처음부터 사람으로 시작하여 사람으로 출생하는 것입니다. 처음부터 배추로 시작해서 배추로 자라는 것입니다. 처음부터 인간으로 시간이 지남에 따라 성숙한 인간, 성채 인간이 되는 것입니다. 그래서 유인원이 진화되어 인간이 되었다는 진화론은 궤변이라고 하는 것입니다. 이를 부정하고 인정하지 않으면 사람이나 배추나 그 본질과 성실이 전혀 다른 돌연변이로 된 것이라고 할 수 있습니다. 그렇게 되면 팥 심은 데 팥이 나야 정상인데, 팥 심었는데 콩이 나는 기상천외한 일이 벌어집니다. 그러나 그런 일은 지구촌 어디에서도 일어나지 않고 있습니다. 3~4개월 된 미성숙한 태아가 사람이 아니라는 것을 주장하려면 이를 객관적이고 논리적으로 설명해야 합니다.

그러나 이는 설명이 불가능합니다. 태아가 살아 움직인다는 것은 단지 육체만의 상태가 아닌 영혼이 결합된 상태이기 때문입니다. 엄청나게 압축된 진화론을 들이대야 가능합니다. 하지만 그런 설명은 불가능합니다. 낙태를 찬성하는 의사들이나, 여성 인권을 주장하는 여성들이나, 낙태에

찬성하는 산모가 어찌 영혼이 육체와 결합된 산 사람을 사람이 아니라고 설명하겠습니까? 만일 얼마 되지 않은 태아가 사람이 아니라고 주장하는 자들은 태아가 움직이는 이유를 설명해야 합니다. 참고로, 사람은 다른 동물이나 미물과 달리 영혼과 육체가 결합되어야만 산 사람이고 움직입니다. 영혼이 떠나면 시체가 됩니다. 움직이지 않습니다. 하지만 낙태를 지지하는 누구도 이런 것을 설명하지 못합니다. 태아는 살아 움직이기에 임신 순간부터 사람입니다. 그래서 낙태하면 안 되고, 낙태하면 친자 태아 살인이라고 하는 것입니다. 일부 인간들(의사들, 산모들, 낙태 지지자들 등)의 무지와 궤변과 황당한 논리와 어리석음이 수많은 태아(사람)를 죽이고 있습니다. 그에 따른 책임과 심판은 반드시 받을 것입니다.

시편 51편 5절

"내가(다윗 왕) 죄악 중에 출생하였음이여 모친이 죄 중에 나를(다윗을, 사람을) 잉태(임신)하였나이다"(수정과 임신 자체와 초기부터 사람이다. "내가"와 "잉태"와 "출생"이라는 용어는 동일한 사람의 다른 표현이다. 그러니까 임신 초기 태아부터 사람이라는 말이다.)

시편 71편 6절

"내가(다윗 왕) 모태(母胎, 어머니 태 안)에서부터 주(主, 하나님)의 붙드신바 되었으며 내 어머니 배(womb, 자궁, 뱃속)에서 주(主, 하나님)의 취하여 내신바 되었사오니 나는 항상 주를 찬송하리이다"(태아는 임신 기간을 초월하여 사람, 생명, 인간이다. 인간을 흙으로 창조하시고 영혼을 수여하시는 하나님의 선언이다.)

누가복음 1장 31절

"보라 네가(마리아) 수태(受胎, 임신)하여 아들을 낳으리니 그 이름을 예수라 하라"(예수님도 처음부터 사람으로 수정되고, 사람의 몸으로 성탄하셨다.)

누가복음 1장 36절

"보라 네(마리아) 친족 엘리사벳도 늙어서 아들을 배었느니라 본래 수태(임신)하지 못한다 하던 이가 이미 여섯 달이 되었나니"(콩 심은 데 콩이 나고 팥 심은 데 팥이 난다. 임신 초기부터 사람을 심었기에 사람이 출생하는 것이다. 태아가 몇 개월 후에 돌연변이나 압축된 진화로 갑자기 사람이 된 것이 아니다.)

이사야 7장 14절

"그러므로 주께서(하나님) 친히 징조로 너희에게 주실 것이라 보라 처녀가 잉태(임신)하여 아들(인성을 소유하신 예수님)을 낳을 것이요 그 이름을 임마누엘이라 하리라"(수정, 임신되는 순간부터 사람임을 명백하게 말한다.)

여자 자궁에서 수정된 태아 자체가 영혼과 신체가 결합한 사람입니다. 사람이 아니라면, 영혼이 없다면 태아는 움직이지 않습니다. 미숙아라고 해서 사람이 아닌 것이 아닙니다. 수태(受胎, 아이 뱀), 잉태(孕胎, 임신)되는 순간 생명이고, 사람이고, 인간입니다. 미숙한 태아나 성장한 태아나 모두 본질상 동일한 사람입니다. 이것을 분리해서 보는 의사들이나 사람들이 무지한 것입니다. 아주 해괴한 논리이자 궤변입니다. 사단의 속삭임입니다. 그릇된 지식과 신념과 확신과 의학 지식입니다. 태아는 수정 기간과 상관없이 미숙하지만, 미완성이지만 살아 숨 쉬고 움직이는 명백한 사람(인간, 생명)입니다. 콩을 심으면 콩이 나고 사람을 심으면 사람이 출생합니다. 이것이 일반상식이고, 논리이고, 기본입니다. 초기에 싹이 날 때는 콩이나 팥 같지 않습니다. 그래도 콩이고 팥입니다. 사람을 임신하지 않았는데, 어느 정도 시간이 지나서 사람으로 변하여 사람이 출생한다면 말이 되지 않습니다. 임신 기간과 상관없이 처음부터 사람이었기에 사람으로 출산하는 것입니다. 몇 주까지는 미숙아이기에 사람이 아니라고 주장하는 것은 기본 상식과 논리와 실제와 성경적으로 절대로 말이 되지 않습니다.

그러면 임신 몇 주 안의 태아는 인간이 아니라면 무엇입니까? 그 태아는 괴생물체입니까? 태아가 사람이 아니라고 주장하는 자들은 이에 대하여 명확한 근거를 제시하며 답해야 합니다. 미숙아인 태아는 사람이 아니라고 하는 의사들이나 일부 사람들은 참으로 무서운 인간들입니다. 그런 식의 논리라면 모든 동물이나 식물이나 미숙한 상태면 아무것도 아니라는 말입니까? 의사라고 해서 그들이 주장하는 말이 항상 옳거나 진리가 아닙니다. 의사들도 오류가 있습니다. 오판합니다. 불완전한 인간입니다. 그래서 의료 과실이 종종 발생합니다. 3~4개월 전의 태아는 미숙아로 사람이 아니기에 낙태를 해도 된다고 주장하는 사람은 산 사람과 죽은 사람에 대한 분명한 이해를 먼저 가져야 합니다. 그러면 낙태가 살인이라는 것이 이해될 것입니다. 죽음이 무엇입니까? 육체에서 영혼이 분리, 떠나는 것입니다. 몸에서 영혼이 떠나가면 죽었다, 송장이다, 시체라고 말합니다. 태중의 태아(사람)는 움직입니다. 태아가 태중에서 움직이는 것은 영혼이 있어 살아 있기 때문입니다. 이 말은 산 사람이라는 증명입니다. 영혼이 없어 죽었다면 태아는 움직이지 않을 것입니다. 사람은 영혼이 몸 안에 있어야 움직이고, 영혼이 없으면 죽은 자로 움직이지 않기 때문입니다.

야고보서 2장 26절

"영혼(영+혼, 넋) 없는 몸이 죽은 것 같이 행함이 없는 믿음은 죽은 것이니라"

누가복음 1장 41절

"엘리사벳이 마리아의 문안함을 들으매 아이가 복종(腹中, 배 속)에서 뛰노는지라 엘리사벳이 성령(하나님)의 충만함을 입어"(태아는 미성숙한 어떤 생물이나 괴물이나 짐승이 아니라 영혼과 몸이 결합된 사람이다. 영혼이 있어 사람이기에 수정되는 순간부터 움직이는 것이다.)

욥기 1장 21절

"가로되 내가 모태(배)에서 적신(벌거벗은 채, 맨몸)이 나왔은즉(출생) 또한 적신이 그리로 돌아가올찌라 주신 자(생명을 주신 분)도 여호와(하나님)시오 취하신 자(가져가는 분, 소천)도 여호와시니 여호와의 이름이 찬송을 받으실찌니이다 하고"

시편 139편 13절

"주께서(하나님께서) 내 장부(臟腑, 내장 총칭)를 지으시며 나의 모태(母胎, 어머니 태안)에서 나를 조직(組織, 얽어서 만듦)하셨나이다"(다윗 왕의 고백)

태아든 출산한 아이든 산 사람은 영혼이 육체 안에 거하기 때문에 살아서 움직이는 동일한 사람입니다. 영혼이 없는 태아나 사람은 몸이 움직이지 않습니다. 죽었기 때문입니다. 영혼이 없으면 죽은 사람이고 움직이지도 않습니다. 사실 영혼이 없거나 떠나면 사람이 아닙니다. 시체, 송장입니다. 그러나 영혼이 육체 안에 거하면 태아일지라도 꿈틀거리고 산 사람입니다. 태아는 영혼이 있는 산 사람이기 때문에 태중에서도 활발하게 움직이는 것입니다. 산 자와 죽은 자의 차이를 모르는 무지한 일부 의사들과 부모들과 사람들은 태아를 사람으로 인정하지 않습니다. 그래서 무지하고 무능한 사람에게 총을 주면 무차별적으로 총을 난사합니다. 무능하고 무지한 사람에게 칼을 주면 함부로 휘둘러 사람을 찔러 죽이는 데 칼을 사용합니다. 무지한 의사에게 의사면허를 주면 어느 시점까지 태아는 사람이 아니라고 하면서 귀한 생명, 태아를 죽이는 데 불완전한 생명 지식과 의술을 사용합니다. 무지하고 어리석은 부모에게 임신이 되면 의사와 공모하여 자기 새끼인 태아를 죽입니다. 그래서 총기 규제를 하고 아무에게나 면허를 발급해 주지 않는 것입니다.

아무튼 천하보다 귀한 사람, 생명, 인간인 태아를 부모와 의사 등이 공모하여 태아를 갈기갈기 찢어 죽입니다. 인간 무지의 결과입니다. 살인

기구를 임신한 여자 자궁으로 집어넣어 태아를 잔인무도하게 부숴버려 죽인 이후 여러 도구로 끄집어내는 것이 낙태 수술입니다. 이젠 '낙태약'을 개발하여 살아 있는 태아 생명을 죽이는 짓들을 전 세계적으로 자행하고 있습니다. 인간의 잔인함, 잔악상은 상상을 초월합니다. 낙태한 자들은 반드시 천벌, 심판을 받게 됩니다. 받아야 합니다. 살인죄가 적용될 것입니다. 즉시 회개하고 다시는 낙태하지 말아야 합니다. 진실로 하나님께 회개하면 친자 태아 살인죄에 대해 용서함, 구원은 받지만, 살인 짓에 대한 형벌은 피하지 못합니다. 사는 날 동안 다양한 형태의 마음과 신체로 고통스러운 형벌이 임할 것입니다. 사람들은 누구나 자기가 뿌린 대로 보응을 받습니다.

출애굽기 20장 13절

"살인하지 말찌니라"(낙태+자살+타살+지속적인 미움 금지)

전도서 12장 14절

"하나님은 모든 행위와 모든 은밀한 일을 선악간에 심판(審判)하시리라"

로마서 2장 6절

"하나님께서 각 사람에게 그 행한 대로 보응(報應)하시되"

낙태는 개인적으로나 국가적으로 자행되고 있습니다. 한국은 2019년 헌법재판소가 낙태죄 헌법불합치 결정을 내렸습니다. 이는 낙태를 해도 낙태죄에 해당하지 않는다는 말입니다. 국가가 태아 살인을 정당화시킨 것입니다. 국가가 낙태에 대해 살인 면허를 준 것입니다. 과거에도 성경에 반하는 산아제한(産兒制限)을 하더니 이젠 낙태까지 정당하다고 하고 있습니다. 국가와 정부와 사법부의 정책과 결정은 항상 옳지 않습니다. 이젠 저출산(低出産) 때문에 출산장려정책(高出産)을 펴고 있습니다. 정부 정책이 시대와 상황마다 오락가락합니다. 이는 정부와 국가의 정책이 진리가 아니라는 말입니다. 믿을 수 없다는 말입니다. 시대와 상황에 따라서 이랬다저랬다 합니다. 산아제한이나 낙태 허용은 성경적이지 않고 진리가 아닙니다. 잘못된 정책이고, 주장이고, 행위이고, 결정입니다. 진리는 시대와 상황이 변해도 일관성이 있습니다. 시대와 상황에 따라 해석을 달리하지 않습니다. 정상적인 사람이나 기독교인들은 이런 사법부 결정과 국가 정책을 따르지 말아야 합니다.

지난 2024년 6월 28일(금) 오전 10시에 YTN을 통해서 미국의 유력한 차기 대선주자 바이든과 트럼프의 TV 토론이 생중계된 적이 있습니다. 자칭 기독교 신자라고 하는 바이든은 낙태는 임신 기간에 따라 의사가 결정할 일이라고 주장했고, 사이비 신자처럼 보이는 트럼프는 낙태 문제는 각 주(洲)에서 결정될 것이라고 하면서 아주 특별한 경우만 낙태를 허용해야 한다고 말했습니다. 조건을 달았지만 둘 다 낙태(살인)를 허용한다고 한 것입니다. 단지 바이든은 적극적이고 트럼프는 소극적인 자세를 취했을 뿐입니다. 둘 다 조건을 달아 여성의 건강과 생명을 위협할 때와 성폭행 등 원치 않는 임신이 된 경우도 허용한다고 주장했습니다. 둘 다 틀렸습니다. 성경에 무지한 기독교인입니다. 성경(하나님)에 반하는 주장입니다. 성경은 원칙적으로 낙태를 금합니다. 불행한 임신이라도 낙태를 금합니다. 왜냐하면 태아는 생명이고, 원치 않은 임신이라도 낙태의 명분이 되지 않고, 낙태는 태아 살인 행위이기 때문입니다. 원하지 않았든지 동일한 생명이고 사람입니다. 또한 태아와 산모 중 한 사람만 살려야 할 절체절명의 아주 특별한 경우에만 정당방위 차원으로 한 사람을 선택해야 합니다.

그 외에는 성폭행을 당했든 어떤 방식으로 임신이 되었든지 출산해야 합니다. 낙태가 정당화되지 못합니다. 낙태는 임신한 자의 개인 형편과 처지와 입장에 따라 결정되는 것이 아닙니다. 성경에 근거한 정당한 사유가 아닌 이상 누구도 생명을 좌지우지하지 못합니다. 생명보다 더 우선하는 합리적인 이유와 명분과 핑계는 없습니다. 생사 여탈권은 오직 생명을 주신 하나님만 행사하실 수 있습니다. 성경을 떠나 의사 개인 소견, 부모 개인 소견, 여성 인권 단체, 개인 처지와 상황, 여성의 자기 결정권, 임신한 자의 인권, 임신 방식, 헌재 소견, 국가 정책으로 생사를 결정할 수 없습니다. 미국도 연방대법원이 경구투여 낙태약 '미페프리스톤'에 대한 접근성을 허용했습니다. 개인과 국가들이 성경에 반하는 짓들을 자행하고 있습니다. 인류 역사는 항상 하나님의 뜻에 반하는 짓들을 해 왔습니다. 이런 것을 볼 때 사람들과 정부와 국가가 얼마나 부패하고 타락했는지를 알 수 있습니다. 진리에 반하는 짓들과 정책을 종종 펼칩니다.

다시 강조컨대 바른 신앙고백 안에 머물러 있는 기독교인들은 어떤 경우에도 낙태는 하지 말아야 합니다. 혹 무지해서, 무서워서, 어쩔 수 없어서 낙태를 한 자들은 즉시 하나님께 회개하고 용서함을 받기 바랍니다.

다시는 낙태하지 말아야 합니다. 거듭 말하지만, 낙태는 친자 태아 살인이기 때문입니다. 그러니 신중하게 섹스해야 합니다. 자기 몸 관리를 잘해야 합니다. 결혼한 부부 외 다른 이성이나 동성하고는 절대로 섹스하지 말아야 합니다. 결혼 전이나 결혼 이후 부부가 아닌 이성이나 동성과 섹스를 하는 자는 모두 간음과 간통을 한 자로 형벌을 받습니다. 결혼 전후로 몸과 마음과 신앙의 순결을 고수해야 합니다. 순결을 지키는 자가 바른 자이고, 순결을 무시하고 자유롭게 섹스를 하는 자가 잘못된 자입니다. 어떤 식으로 임신이 되어도 낙태하지 말아야 합니다. 상황과 처지가 절망적이고 고통스러워도 출산해야 합니다.

보통 사람들은 마음과 주장이 오염되고 부패해서 그릇된 짓들을 하면서도 부끄러움을 모르고 당당합니다. 그런즉 기독교인들은 결코 타락하고, 잔인무도하고, 부패한 사람들의 주장이나, 진리에 반한 것과 세상 문화나 정부 정책을 추종하지 말아야 합니다. 목숨을 걸고 죽을 때까지 진리 안과 바른 신앙고백 안에 머물고 살면서 자기관리를 잘해야 합니다. 낙태(살인)나 낙태약(살인 약)은 절대로 금해야 합니다. 생가 자체를 하지 말아야 합니다. 향후 지구촌은 현재와 비길 수 없을 정도로 아주 심각한 음란 세상, 낙태(살인) 세상이 될 것입니다. 역사적으로 보면 인간 자체가 상상 이상으로 잔인했습니다. 사람 생명을 들의 풀처럼 경시해 왔습니다.

이에 대한 하나님의 저주는 피하지 못할 것입니다. 세상은 음란과 타락의 도시였던 소돔과 고모라와 그 주변 도시처럼 될 것입니다. 이에 반드시 하나님으로부터 살과 뼈가 떨리는 무시무시한 심판을 당할 것입니다. 기독교인들은 주변과 세상에서 뭐라고 하든지 흔들리지 말고 노아의 가족처럼 언제나 진리 안에서 중심을 잘 잡고 거룩하게 살아가야 합니다. 순결과 생명과 태아를 중시하며 살아야 합니다. 어떤 경우에도 낙태와 부정한 섹스는 하지 말아야 합니다. 그것이 자신과 타인의 생명을 사랑하고 보호하는 길입니다.

제8장

부부가 이혼하는 결정적인 이유 3가지

시대를 초월하여 부부가 이혼하는 데 순위만 바뀔 뿐 언제나 1~3위를 차지하는 세 가지 이유가 있습니다. 그것은 경제 문제, 배우자 불륜 문제, 성격 차이입니다. 성격 차이는 잠자리(섹스)와 진짜 성격(기질) 차이를 의미합니다. 잠자리 문제는 부부가 서로 노력하면 극복 가능합니다. 성격(기질) 차이로 이혼한다는 말은 맞지 않습니다. 차이는 틀린 것이 아니라 다른 것입니다. 사람들은 이 부분에서 착각과 오해를 합니다. 이에 멀쩡한 사람인데 자기와 다르면 문제가 있는 사람으로 판단합니다. 성격은 원래부터 차이가 있고 좁혀질 수 없는 것입니다. 결혼한다고 수박이 호박으로 되거나 호박이 수박으로 되는 일은 없습니다. 서로가 자기 입맛에 맞게 달라지라고 요구하는 것도 말이 되지 않습니다. 서로를 이해하고 존중해야만 공생할 수 있습니다. 좀 더 정확히 말하면 실제로는 성격(기질) 차이로 이혼하는 것이 아니라, 배우자의 성격(기질)을 이해하거나 존중하지 못해서 헤어진다고 해야 정확합니다. 배우자의 성격(기질)을 이해하거나 존중하지 못하면, 자기와 다른 성격(기질) 때문에 자신이 견디기 힘들고 미쳐 버릴 것 같으니 헤어지는 것입니다.

그러니까 적어도 성격(기질) 차이로 헤어짐은 상대방의 문제가 아니라, 자기의 이해와 존중에 대한 실력 부족 때문입니다. 그런데 상대방 탓을 합니다. 이는 비겁한 합리화이고 바른 자세가 아닙니다. 자신의 무능입니다. 그리고 불륜 문제로는 이혼할 수 있지만, 경제 문제로 이혼하는 것은 비겁한 결정입니다. 부부는 생사고락을 함께하는 한 몸입니다. 살아도 함께하고, 굶어도 끝까지 함께하는 것이 부부입니다. 결혼식 때 이미 서약했습니다. 그런데 힘들다고 이혼합니까? 세상을 쉽게 살아가는 자입니다. 쓰면 뱉고 달면 삼키는 자입니다. 부부가 뭔지, 결혼이 뭔지, 부부 서약이 뭔지 제대로 알지 못하고 결혼하니 걸핏하면 헤어지자고 하는 것입니다. 필자는 결혼 전후로 이혼은 어떤 경우에도 하지 않겠다고 다짐했고 실천했습니다. 아내에게도 교회에서도 공개적으로 선언했었습니다. 그 이유는 결혼식장에서 결혼 서약으로 공개 선언했기 때문이고, 결혼이란 배우자의 과거와 현재와 미래의 좋고 나쁜 것 등 모든 것까지 다 사랑하고, 용서하고, 이해하고, 존중하고, 품는다는 의미가 내포하기 때문입니다.

그래서 30세에 결혼하여 아내와 사별할 때까지 30년 동안 그 약속을 지켰습니다. 남녀가 만나 결혼하여 부부가 되는 것은 서로 좋아하고 사랑하기 때문입니다. 물론 예외적인 결혼과 부부도 있지만, 대부분은 좋아하고 사랑해서 결혼합니다. 이렇게 좋아하고 사랑해서 결혼했는데 상당수가 이혼합니다. 서로 좋아하는데, 서로 사랑하는데, 자식까지 있는데 이혼합니다. 이혼이 좋아서 하는 부부는 없을 것입니다. 그런데도 갈등하고 고민하고 참고 살다가 결국 이혼합니다. 이혼은 부부와 자녀 모두에게, 양가 부모에게 치명적인 깊은 상처와 불행을 가져옵니다. 그래서 결혼을 신중하게 해야 합니다. 결혼 준비를 잘해야 합니다. 자기 자신을 결혼생활에 특화된 사람으로 만들어야 합니다. 부부라는 복식 선수로 잘 조화되고 융화될 수 있는 사람으로 혁신해야 합니다. 마음 등이 덜 된 상태에서 결혼해 버리면 반드시 그 대가를 받게 됩니다. 무엇이든지 결과에는 반드시 그럴 만한 이유가 있습니다. 그것을 결정적인 이유, 근본적인 이유, 직접적인 이유라고 칭하겠습니다. 크게 나누면 3가지 이유 때문입니다.

첫째는 조건적인 사랑 때문입니다.

조건(條件)이란 '어떤 일을 이루게 하거나 못 이루게 하는 기본적인 상태나 요소'를 말합니다. 또는 '일정한 일을 결정하기에 앞서 내놓는 요구나 견해'를 뜻합니다. 조건에는 현실적으로 원하는 조건과 개인적으로 원하는 조건이 있습니다. 물론 조건은 개인마다 다릅니다. 조건은 개인의 성향이나 상태나 주관이기에 수시로 변합니다. 조건의 중요한 특징 중의 하나는 이기적이라는 것입니다. 자기중심적입니다. 그래서 싱글 때나 결혼하여 부부로 살 때 자기가 생각하는 조건에 미치지 못하면 사랑에 금이 가고 사랑도 버립니다. 배우자를 무능하고 나쁜 사람 취급합니다.

본래 사랑은 아가페로 무조건적인 사랑, 희생적인 사랑인데, 사랑 앞에 조건이라는 전제가 붙어서 사랑이 조건에 의해 휘둘립니다. 사랑이 조건을 지배하는 것이 아니라 조건이 사랑을 지배합니다. 결혼 전이나 결혼 이후로 그렇습니다. 그래서 조건적인 사랑은 조건이 변하면 사랑도 변합니다. 이에 연애 시절이나 결혼 초기에 아무리 뜨겁게 사랑해도 조건적인 사랑을 하게 되면 날씨나 바다 물결처럼 갑자기 돌변하여 헤어지자고 합니다. 순전히 이기적인 모습입니다. 그래서 조건적인 사랑을 하면 언젠가는 이혼할 가능성이 매우 큽니다. 그렇게 되지 않기 위해서는 처음부터 배우자에 대하여 무조건적인 사랑을 해야 합니다. 그럴 자신이 없으면 결혼을 유보하든지 아니면 혼자 살아야 합니다. 그래야 자신과 상대방과 향후 출생할 자식에 대한 불행을 예방할 수 있습니다.

둘째는 감정적인 사랑 때문입니다.

본래 고급스러운 사랑은 그리스어로 아가페(Agape)인데, 감정적인 사랑이 아닌 무조건적인 사랑, 희생적인 사랑입니다. 그런데 부부들, 남녀들, 사람들 상당수는 아가페가 아닌 감정적인 사랑을 합니다. 물론 감정적인 사랑도 사랑입니다. 이 감정적인 사랑은 순도 100%가 아닌 사랑입니다. 감정도 조건처럼 언제든지 변할 수 있는 것입니다. 감정도 날씨나 바다 물결과 같이 수시로 변합니다. 일관성이 없습니다. 그래서 감정에 매어 살면 안정성이 떨어집니다. 이에 배우자에 대한 사랑의 감정이 약화되거나 금이 가면 이혼을 생각합니다. 그래서 감정적인 사랑, 조건적인 사랑은 위태위태합니다. 적지 않은 부부들은 감정적인 사랑을 합니다.

그 정도로 성숙한 사랑에서 거리가 먼 사랑을 합니다. 조건적인 사랑이나 감정적인 사랑은 시한폭탄을 품고 사는 사람과 같습니다. 언제 어떤 상황에서 터질지 모릅니다. 이런 사랑에 젖어 사는 부부는 위기의 부부, 위태위태한 부부라고 할 수 있습니다. 시간이 지나면, 상황이 변하면 언젠가는 조건과 감정은 반드시 변하기 때문입니다. 무엇이든지 좋지 않게 변할 때 사고가 터집니다. 그렇게 되지 않기 위해서는 무조건적이고 희생적인 아가페 사랑을 해야 합니다. 감정적인 사랑만 하려거든 결혼을 유보하거나 혼자 살아야 합니다. 그래야 자신과 배우자와 자녀들이 불행하게 되지 않습니다.

셋째는 배우자에 대한 이해와 존중 부족 때문입니다.

부부는 서로 미숙하기에 틀린 부분도 있지만, 전혀 다른 사람입니다. 사람은 누구든지 달라야 정상이고, 다르지 않으면 이상한 사람입니다. 부부는 머리끝에서부터 발끝까지 다른 사람입니다. 혈액형도 다르고 MBTI(성격유형)도 다릅니다. 출생부터 다르고, 성장 과정도 다르고, 습관도 다르고, 생활 스타일도 다릅니다. 자고 일어나서 생활하는 모든 습성과 습관이 다릅니다. 하나에서 열까지 다릅니다. 일치되는 부분은 매우 적습니다. 전혀 다른 사람이 만나 부부가 됩니다. 그러면 매일의 삶이 마치 토끼와 양이 한집, 한방에서 살아 다양한 불편한 일들이 발생하는 것처럼 서로 마음에 들지 않는, 마땅치 않은 별의별 일들이 다 벌어집니다. 처음엔 뭣도 모르고 삽니다. 눈에 콩깍지가 씌어서 한동안 사이좋게 지내거나 지나갑니다.

그러다가 어느 시점이 되면, 콩깍지가 벗어지면 자기와 다른 면이 눈에 들어오면서 갈등과 다툼과 요구와 불편함과 지적과 싫은 소리 등이 나오기 시작합니다. 이것저것이 다 자기 마음에 들지 않습니다. 짜증이 납니다. 이에 눈만 뜨면, 보기만 하면 지적하고 다툽니다. 자신은 아무런 문제가 없는 자처럼 행세하면서 상대방만 지적합니다. 그러다가 폭언과 폭력이 나오기도 하면서 서로 성격(기질)이 맞지 않는다고 합리화시키면서 헤어질 결심을 합니다. 이는 황당하고 어이없는 이해와 접근방식입니다. 자기중심적인 사고입니다. 같은 부모에서 출생한 형제자매들도 다 다른데 전혀 다른 사람끼리 만나서 언제나, 모든 것이 같을 것이라고, 자기 마음에 쏙 들 것이라 여겼단 말입니까? 이는 아주 유아적이고 단순한 사람입니다. 생각이 깊지 않은 사람입니다. 형제든 타인이든 다를 수밖에 없고 달라야 정상입니다.

이때 다른 것과 틀린 것을 구분하고 혼동하지 말아야 합니다. 결혼 전에 이런 부분에 대하여 충분히 교감을 나누어야 합니다. 공부해야 합니다. 다른 것은 틀린 것이 아닙니다. 죄도 아닙니다. 반드시 고쳐야 하는 것도 아닙니다. 이해받고 존경받아야 할 일입니다. 누구로부터 책망받아야 할 일이 아닙니다. 틀린 것은 바르지 못한 것으로 다른 사람에게 불편함과 피해를 주는 것이므로 교정이 필요합니다. 틀린 것을 다르다고 하거나, 다른 것을 '틀리다'라고 주장하고 비판하는 것은 잘못된 접근입니다. 그래서 부부는, 인간관계는 이처럼 다른 것에 대하여 이해와 존중이 있어야 서로가 공생하고 더불어 살아갈 수 있습니다. 원만한 관계를 유지하고 지속할 수 있습니다. 보통 사람들은 자기 마음에 들지 않으면 불편해하거나 문제가 있는 사람 취급합니다. 이는 잘못된 사람입니다.

하여간 다른 것에 대한 이해와 존중이 부실하거나 약한 부부들이 많습니다. 그 결과 틀리지 않은 배우자를 탓하고, 지적하고, 나무라고, 고치라고 하면서 부부가 위기를 맞게 됩니다. 피 터지게 싸웁니다. 소리를 지릅니다. 방송에서 '결혼 지옥'이나 '위기의 부부들'을 보면 한결같이 이런 모습들이 나타납니다. 서로 탓만 합니다. 상대방이 잘못이라고 합니다. 서로 고치라고 합니다. 부부가 평생을 살아가기 위해서는 반드시 서로의 다른 부분과 틀린 부분에 대한 구분과 규정을 한 다음, 서로 이해하고 존중하는 자세를 취해야 합니다. 다른 부분은 서로 이해하고 존중하면서, 객관적으로 볼 때 틀린 부분은 부드럽게 개선을 촉구해야 합니다. 틀린 것을 지적하면 수용하고 개선에 힘써야 정상적인 사람입니다. 그렇지 않고 고집을 부리면서 자존심만 내세우면 헤어질 공산이 큽니다. 아무리 사랑하고 좋아해도 서로의 다른 스타일에 대하여 이해와 존중이 없으면 성격차이라고 하면서 이혼으로 갑니다. 그러니까 부부는 서로 다른 부분과 틀린 부분에 대하여 억지를 부리지 말아야 합니다.

그러므로 조건적인 사랑, 감정적인 사랑을 아가페 사랑으로 바꾸고, 자기와 다른 배우자의 이런저런 다른 면면에 대한 이해와 존중이 필수입니다. 배우자를 탓하거나 바꾸려고 하지 말고 자신이 변해야 합니다. 배우자에 대한 시각과 생각을 달리해야 합니다. 그러면 문제가 해결됩니다. 이와 같은 성숙한 자세를 취하지 않으면, 아무리 좋은 집에서 부자로 살아도 행복하지 않고 오래가지 못합니다. 이 3가지만 소유하고 살면 행복한 부부, 사별할 때까지 지속할 수 있는 부부가 될 수 있습니다. 그래서 예비부부나 기존 부부들은 선수들이 매일 기본훈련과 전술훈련과 체력 훈련하듯이 부지런히 공부하고, 연구해야 합니다. 부부와 가정을 지키기 위

해서 부단히 노력해야 합니다. 세상에 수고 없이 거저 주어지는 것은 없

습니다.

결혼·이혼·재혼 예비고사

ⓒ 장재훈, 2026

초판 1쇄 발행 2026년 3월 27일

지은이   장재훈
펴낸이   이기봉
편집   좋은땅 편집팀
펴낸곳   도서출판 좋은땅
주소   서울특별시 마포구 양화로12길 26 지월드빌딩 (서교동 395-7)
전화   02)374-8616~7
팩스   02)374-8614
이메일   gworldbook@naver.com
홈페이지   www.g-world.co.kr

ISBN   979-11-388-5559-4 (03330)